普通高等教育“十二五”规划教材
PUTONG GAODENG JIAOYU “SHIERWU” GUIHUA JIAOCAI

创业博弈实训

CHUANGYE BOYI
SHIXUN

主　编　宋宇翔　向　诚
副主编　王传松　王淑芬　沈万红

中国传媒大学出版社

图书在版编目(CIP)数据

创业博弈实训 / 宋宇翔,向诚 主编. —北京:中国传媒大学出版社,2015.8
ISBN 978-7-5657-1451-1

Ⅰ.①创… Ⅱ.①宋…②向… Ⅲ.①企业管理 Ⅳ.①F270

中国版本图书馆 CIP 数据核字(2015)第 183285 号

创业博弈实训

作　　者:宋宇翔　向　诚
责任编辑:李　莉　王易群
责任印制:曹　辉
封面设计:雨 & 寒
出 版 人:王巧林

出版发行:中国传媒大学出版社
社　　址:北京市朝阳区定福庄东街 1 号　　邮编:100024
电　　话:65450532 或 65450528　　传真:010-65779405
网　　址:http://www.cucp.com.cn
经　　销:全国新华书店
印　　刷:廊坊市广阳区九洲印刷厂

开　　本:787×1092 毫米　1/16
印　　张:11
字　　数:186 千字
版　　次:2015 年 8 月第 1 版　2015 年 8 月第 1 次印刷

ISBN 978-7-5657-1451-1/F·1451　　定价:38.00 元

前 言

《创业博弈实训》课程以现代信息技术为依托，仿真社会真实的经济环境，模拟企业的经济活动上向全校开放。将教学资源分级共享，达到了学习与实践一体化的效果，并且建立了在互联网环境下运行的跨专业示范性实践教学体系。

《创业博弈实训》课程中提出两种博弈实践环节。一种是“模拟公司互动化实习方式”，另一种是“经营管理博弈实习方式”。

“模拟公司互动化实习方式”是由学生成立众多的“模拟公司”在虚拟环境中运营企业的实习方式。学生在经管类专业综合实训平台建设的基础上，引入“模拟公司”的实习方式，组织学生设立若干个“模拟公司”，在老师的组织和指导下，让学生体验“模拟公司”内上岗实训。“创业博弈实训”在互联网上架构一个公共服务平台并为全校提供服务，在学生的“模拟公司”之间形成一种互动化商务环境，为各专业学生提供一种新型的实习方式。

“经营管理博弈实习方式”是学生个人自主创业（模拟人生）体验性的仿真平台。每个学生既是消费者又是生产者（投资者）。作为消费者，要生存，要购买消费品；作为生产者（投资者）要创造财富。

一个学生要通过自己的生产经营、投资行为获取收益，除去自身消费支出后，还应有盈余积累，盈余积累的程度，是自主创业（模拟职业人生）实习效果的评价，更是个人创业过程的体验。

这种创新的教学体系的运用，加强了学校实践教学的深度和广度，有效地培养了学生的就业能力、复合能力、专业应用能力，使经管类各专业知识与技能之间进行了有效的整合，拉近了学生与社会、与就业岗位间的距离，培养了实训者职业素质、职业技能，使实训人员得到了工作经验。

本书由宋宇翔、向诚担任主编，王传松、王淑芬、沈万红担任副主编。参加本书编写的有（以姓氏笔画为序）：王传松、王淑芬、向诚、沈万红、宋宇翔。

特别感谢南京商业资讯对于本书的支持帮助，限于编者知识水平和时间的不足，书中难免存在一些错误和疏漏之处，恳请读者给预予批评指正。

编　者

目 录

第三篇 模拟公司注册登记

第四篇 模拟公司运营管理

第五篇　模拟公司运营总结

第一篇

模拟公司互动化实训介绍

项目 1　模拟公司互动化实训

1.1　模拟公司的起源及发展情况

1.1.1　模拟公司的概念和建立的意义

模拟公司是指受训人员自主组建模拟公司，然后在一个仿真的办公环境里，充当公司的雇员，并与其他模拟公司人员进行仿真的商务运作与管理行为的模拟。考虑到经济管理类专业实验实训的开展方式有限，借用模拟公司互动化学习这种方式，就会对整个高校经济管理类实训教育的开展起到了重要的推动意义。

补充目的性：

模拟公司的组建与运作，为受训人员提供了一个完整的学习与实习环境。通过受训人员在模拟公司的各个部门（包括行政部、人力资源部、财务部、采购部、市场调研部、商务部等）的轮流实训，使得真实企业里的商务活动和管理行为均能得到充分的模拟。而在模拟公司里的这种经历，为受训人员在真实公司里开展相关工作奠定了良好的基础。

1.1.2　模拟公司的起源

模拟公司起源于 20 世纪 50 年代的德国，是在人为的仿真环境中通过模拟经济活动，为学校的经济管理类专业提供实践教学场所的一种组织形式。学生在其中可经历全部商务业务操作过程，了解和体验其中各环节之间的关系，而又不必承担任何经济风险。根据专业的不同，模拟公司定位也有所差别，学生在此可以进行管理、营销、财务、金融、贸易、生产、储运、税务、海关、保险等业务过程的模拟活动。模拟时，除货物是虚拟的并且不发生实体位移外，其他如经营、合同、业务、票据、操作方式、报表及财务流程等均按照现实经济活动中通行的做法设计和运作。“模拟公司”的出现，体现出“行为导向”和“岗位体验”的教学方式对管理类专业的学生从学校走上社会工作岗位的重要性。

20 世纪 80 年代后期，模拟公司在世界范围内得到了相应的发展。一些国家还建立了模拟公司协调中心，负责本国模拟公司之间的业务交往和人员培训及从事国际商务和交流协调活动，以促进各国模拟公司之间的交往。1993 年 11 月，欧共体和德国北威州政府资助建立了“欧洲模拟公司”网络，现已发展成为国际性组织“EUROPEN”（欧洲实习企业网络）协会。德国、英国、奥地利、加拿大、西班牙、法国、丹麦等 12 个欧洲国家为正式成员国。不久后，美国、澳大利亚、挪威、波兰、比利时等国也成为正式会员，亚洲和南美的一些国家也在积极申请入会。该协会还组织“模拟公司国际博览会”，为促进世界各地模拟公司之间的交流和相互学习提供仿真的操作与体验环境。

1.1.3 欧洲模拟公司的发展

传统的培训方式侧重于知识的培训与技能的提高，而现代培训所关注的则是潜能的开发与素质的提高，目的是全面开发人的才能，提高应聘人员的全面适应能力。近年来，在欧洲一些国家出现了一种立体的培训机构——职业模拟公司。它能够逼真地模拟实际公司真实运作的各个具体环节，让受训人员在公司运作的真实环境中去体验公司的工作氛围，以提高其适应能力和实际工作能力。例如：荷兰某国际植物贸易公司，经营各种花卉植物。公司每天的业务电话响个不停，运送货物的大型运输车穿梭往来，然而这一切均发生在纸面上。公司成立几个月以来，并未真正卖出一株植物。该公司开诚布公地宣称：“我们是一家假公司。”这种商务模拟公司，费用低廉，具有商务实践教学中很好的教学模式。它是有组织、有计划人为创设的模拟仿真的开放式商务活动一种环境。商务模拟仿真和商务实训教学是其同时提供给受训者的两种服务功能。而丹麦的一些以模拟商贸活动为目的开办的模拟公司，其功能如同真实公司的商贸功能，但只在封闭的网络中与其他模拟公司进行合作。例如：在丹麦一所学校可以创建若干家这样的公司。一个场地（如一间教室）可供一个全天候的模拟公司运行，也可供多个非全天候（每星期只占用部分工作日）的模拟公司运行。“公司”的工作人员可由若干位受训者构成，也可由多组学生轮换在其中工作。模拟公司开展业务活动时，其产品和服务是虚拟的，产品样品可以是真实的；而商务程序和财务流程等均遵循现实商界通行的规则进行设计和操作。模拟公司完全可根据模拟市场的商情变化决策和运行。

模拟公司实训方案的实质是行为导向原则和职业性原则协调制约下的业务活动组合方式，是能力本位思想成功应用的一个范例。受训者可以是具有一定职业经验的成年人，也可以是没有职业经验的在校学生；可以是健康人，也可以是有一定残疾的青年。这种培训方法不仅适用于财经类、营销类专业的实践教学，也适用于企业管理类专业的实践教学。可以说，模拟公司可模拟市场上几乎任意一种商品的生产经营，也适用于几乎任何一种服务项目的经营；而且它要求的时空条件极少，运行的实际费用极低。

欧洲模拟公司的教学宗旨是让学生获得并加强职业岗位的技能。能力的培养历来是职业技术教育的核心和根本。在模拟公司中，学生可直接参与问题的分析和解决，并在每一个职业岗位中，通过身临其境的操作实践达到：熟悉业务过程，掌握操作方法；根据问题的成因和要求自我做出决策；明确经营目标和组织结构，培养与他人一起工作、相互合作和交流的能力；熟练地使用现代化的办公设备和技术；提高学生的母语和外语水平。由此可见，模拟公司的实践可为学生最后进入真实的工作岗位，打下良好的基础。欧洲模拟公司的成功经验也为我国教学模式的改革和发展提供了有力的支持和借鉴。

1.1.4 我国模拟公司的引入

为借鉴西方国家在商科类专业实践性教学模式方面的先进理论和成果方法，近几年，我国的一些职业学校在经济类专业实践教学方面进行了积极的探索和改革，相继建立了财会模拟实验室、商务模拟办公室等。从1994年起，上海、北京、浙江、山东、辽宁、河南、内蒙古等地的一些学校，在丹麦和德国专家的帮助下，引入了“模拟公司”这一实践教学的新形式。国家商务部和教育部通过开展学术研讨与经验交流，在一定程度上推动了这一新生事物的发展。实践表明，引入“模拟公司”实训教学方法，能够有效地解决经济类专业实习难的问题，有助于培养学生的实践能力和增长相关知识，有利于学生的就业。“模拟公司”这一概念正在逐步被人们所认识和接受，同时也引起了有关部门和教学机构的重视。

1.2　模拟公司教学法的理论模式

1.2.1　模拟公司教学法的概念

模拟公司教学法，也称为商务模拟教学法。它在仿真的商务环境中，由受训人员自主地组建公司并作为公司雇员开展工作，公司的业务运作（如组织结构、规章制度、经营方针、业务流程等）可以模拟一家真实的企业（称为背景公司或赞助公司）来进行。在模拟公司教学法中，教与学的体系、内容均按真实企业的操作方式和运作过程来进行，唯有资金与货物是假想的。另外，这一教学模式强调“在做的过程中学习真知”的教学理念。在教学过程中，受训人员成为整个教学的中心，是学习的主体，教师成为模拟公司的咨询或顾问。

1.2.2　模拟公司教学法的基本要素

模拟公司教学法的实施，需要具备以下几方面要素。

一是模拟实验室的建立。

学校要根据学生的专业配备相关的实验室（高等院校基本上都配有各种实验室，有专用实验室和多功能多用途实验室等）。相关的各种软件设施和硬件设施，以及模拟公司所需要的日常办公用品等。

二是与赞助公司（又称背景公司）的合作。

赞助公司是现实社会中的一家相关的软件开发企业，模拟公司业务数据的建立可以向合作的赞助公司获取，经营模式也可以参照赞助公司的做法。

三是受训者。

受训者是商科类专业毕业实习的在校学生，同时他们也是整个模拟公司教学过程中的主体。

四是实训指导人员。

模拟公司中的实训指导人员可以由受过培训的毕业实习指导教师担当，也可以是合作企业派来的咨询者或顾问担当。要求实训指导人必须赞成这种实训方案，掌握行为导向和职业性的实训原则，具有相关的专业能力和教育教学能力，具备相应的商务实践经验。

1.2.3 模拟公司教学法的特点

模拟公司教学法不同于传统的教学方法，它具有以下几方面的特点。

第一，职业特点。职业特点表现在实训教学内容和就业目标要求高度一致。以模拟的职业行为活动为手段，积累职业经验，培养职业技能，进而适应未来的职业工作需求。

第二，应用特点。应用特点是重技能，以“用”促学，从做中学，边“用”边学。这与中国先哲老子所倡导的“行不言之教”的教育思想是完全一致的。

第三，跨职业特点。跨职业特点是指受训者在实训期间，可获得多种职业通用的知识和经验，可在提高专业能力的同时，明显地提高社会适应能力。这是受训者顺利转岗转行的基础。

第四，受训者角色特点。受训者可以在模拟公司“扮演”几种职业角色，以个别化方式接受实训指导。

第五，受训者合作特点。受训者相互合作，共同解决实际问题。在模拟公司中，受训者以公司雇员的身份“扮演”不同的角色，并且在互相合作的过程中解决问题。解决问题的过程，也是受训人员获得相关实践技能、实践经验的过程，更是对受训者自主学习、创新学习能力的培养过程。

第六，能够使受训者在受训过程中养成强烈的学习自主性和学习愿望。

第七，教师的角色发生转换。教师在模拟公司的教学法中，从传统教学模式中的知识传授者转变为一个咨询者或者指导者。

1.2.4 实施模拟公司教学法的目的、意义及成效

1. 实施模拟公司教学法的目的和意义

传统的学校教育特别重视课堂的理论教学，而忽视培养学生的实践能力。随着社会经济和科学技术的迅速发展，“实践导向”“能力本位”的教学思想以及与此相适应的职业教育方法开始兴起并得到迅速发展。世界各国都在探索如何才能提高在校学生的全面素质和综合能力的教学方法。“模拟公司教学法”就是一种被实践证明较为成功的教学方法。通过模拟公司实习，可以让学生将所学的理论知识应用于实践，不断提高各种技能的操作水平，熟练掌握各种常用现代办公设备和技术，熟悉商务活动

的顺序和商业运作的基本规则，增强团队协作能力和合作精神，树立风险意识，从而真正做到学以致用，为将来走上工作岗位打下良好的基础。

2. 实施模拟公司教学法的成效

经过几年的探索和实践，模拟公司教学法的教学功能和教学效果日渐突显。通过参与过模拟公司实习的受训人员的反馈，以及对目前正在模拟公司学习的受训人员的观察和了解，实施模拟公司教学法的成效具体体现在以下几个方面：

（1）受训人员树立了明确的职业意识。在模拟公司中，由于受训人员不是学生而是“职员”，这种角色的不同使其言行举止更符合职员的身份。经过模拟公司培训的学生，更注重服装、仪表、谈吐与行为方式，潜意识中已经把自己作为一名公司的职员来要求，从而在人才市场或在将来的工作岗位上，更容易获得青睐和机遇。

（2）有效地培养受训人员的创业精神和创新能力。由于实习过程是从创建一家公司开始的，所以对于受训人员来说，熟悉公司成立的程序与具体的操作过程，同时也消除了创建公司的神秘感和畏难感，激发了受训人员不畏艰难的创业精神。在公司的运作过程中，获得市场信息、策划营销活动、操作商务业务、公司经营管理等工作都是由受训人员来完成的，这样，在工作过程中，受训人员的创新与开拓能力就会不断地得到提高。

（3）培养受训人员的团队精神和交际能力。团队合作能力越来越受到社会和企业的重视。而模拟公司的学习环境，要求学生充当公司中不同岗位的职员，在这种情况下，只有懂得与他人合作共事，学习过程才能顺利进行。而在传统的教学模式中，学习是一种个体行为。另外，模拟公司遍及全国和世界的贸易伙伴，通过模拟公司的联网运作，需要对受训人员与会员单位进行经常性的联系和交流，这对提高受训人员的交际能力非常有帮助。

（4）明确商业活动的规律和商业运作的规则。明确商业活动的规律和商业运作的规则，使受训人员的专业素质得到较大的提高。

（5）使受训人员更熟练地掌握职业所要求的主要技术和关键能力。在模拟公司的运作中，由于货物与货币是虚拟的，所以公司经营上的错误不至带来实际的损失。它允许“职员”犯错误，让“职员”在纠错过程中进行反复不断的练习，从而使受训人员更熟练地掌握职业所要求的主要技术和关键能力。

（6）指导受训人员熟练地使用现代办公设备与技术。商务模拟实训配备了电话、传真机、计算机及相关的软件、打印机、扫描仪等现代化办公设备与技术，比起传统的教学方式，受训人员通过直接亲身体验真实的工作环境，操作办公设备，为今后的就业上岗打下扎实的基础。

1.3　商务模拟中心的形成

1.3.1　中国商务模拟的组织形式

现阶段，国内学生在实习、实训教学方面受到的教育并不能真正满足企业的需要，这就需要用更直接的教育教学方式改变现状。根据我国的具体情况，并参照国外相关的教学模式，教育界产生并逐渐确立了“创业博弈实训”模拟公司互动化实习的组织形式来进行实习、实训教学。由“创业博弈实训”作为“模拟公司”的协调中心，各所加盟院校作为商业性主体参加的“创业博弈实训”内模拟公司互动化实习（实训），形成了全国互动化的实习（实训）方式，即“三位一体”的实训体系的基本思路。从而建立一套统一的技术标准，使操作系统统一、数据库统一、通信协议统一，并且能够实现资源共享的应用平台。

1.3.2　中国商务模拟中心——“创业博弈实训”的形成

“创业博弈实训”的研发，解决了经管类学生实习（实训）难的问题，同时也突破了学生创业培训难的瓶颈。

（“创业博弈实训”访问地址：打开浏览器，在地址栏内输入 http：//10.10.8.15/sct）

1.3.3　“模拟公司”中的流通货币——“银河币”

“银河币”是“创业博弈实训”为实习网能够更好地运作并增强其趣味性、游戏性、竞赛性而专门设置的一种货币符号，是实习网中运营的一种介质。在“创业博弈实训”实习网社区内，每位参与者都能持有一定的“银河币”。银河币可在“创业博弈实训”的大社区内购买虚拟产品和各项服务。同时将“银河币”的流通总量作为虚拟财富的尺度，并做对学生实习、实战效果的一种评价。

1.“银河币”的基本规则

“银河币”的单位为“枚”。

“银河币”只能够在“创业博弈实训”社区内流通使用（可在“创业博弈实训”社区里购买商品和服务）。

“银河币”的发行与管理机构是“创业博弈实训”旗下的“银河币管理中心”。

2. “银河币”初期运作方式

第一，凡参与“模拟公司”互动化实习的每位指导教师可获赠300枚“银河币”，每位学生也可获赠300枚“银河币”。

第二，凡参加“自助式”实习的每位学生同样可获赠300枚“银河币”。

第三，凡完成实习取得实习证书的学生均可获得数额不等“银河币”的奖励。

第四，在“模拟公司”互动化实习方式中实习的优胜者可获得500~10000枚不等的“银河币”奖励。

3. 银河币管理中心职能

（1）账户获得。在实习网注册成功的用户，将自动获得“银河币”账户，该账户与用户名称相一致。

（2）财富累计。

第一，注册后，网站赠送一定数量的“银河币”。

第二，用户通过积分兑换“银河币”。积分累计规则：①注册送积分；②共享资源加积分；③发表一个资源评论送积分；④得到一个鲜花得积分；⑤发表圈子主题帖加积分；⑥发表圈子回复帖加积分。

（3）“模拟公司”运营业绩评估优秀，网站奖励“银河币”。

账户管理的步骤如下：

步骤一，修改账户支付密码；步骤二，积分兑换“银河币”；步骤三，“银河币”赠送活动；步骤四，“银河币”账户明细。

1.3.4 “创业博弈实训”商务模拟实习（实训）的意义

本书中的“商务模拟”教学方法，为学生创造一个仿真的公司环境。通过学生或老师创立创业团队，由导师指导，学生自己策划组织、自己经营管理、以社会实践为主要目的，以在校学生为实践对象，进行商务实习实践。

“模拟公司”起步创建要明确定位，以培养现代化建设急需的人才为基础，设定“模拟公司”的运营项目和岗位职责。让每个愿意参与模拟公司实践实习的在校学生都有一个类似社会实践、学习锻炼、施展才华以及创业的参与机会。

在公司创建和运营及社会大环境模拟过程中，商务模拟的实效对教育方式的改革及教与学双方都具有突出的意义：可以实现以下能力的培养与形成。

1. 挖掘学生与教师的潜力

推波助澜、激发潜能、唤醒思维、引导执行。拉动师生交流是“校际模拟综合平台”发展的目标。面对学生，引导甚至让学生自己开发自己的潜能，通过“模拟公司”工作任务的执行，不断强化学生实际的动手动脑能力，并向他们传达“你很优秀”的信息，使其感受到指导教师与模拟公司领导的关注，进而产生激励作用，促使其更快地掌握专业知识和实际工作流程。通过正激励促使学生积累实践经验，向更好的方向发展。

教师在“模拟公司”中将扮演相当重要的角色。从指导学生组建公司、研究市场到“模拟公司”的运营、发展与科学管理，教师可从中发现更多更直接的专业知识传授方式。因此，只有教师的自我潜能得以全面发挥，才可能更好地开发出学生的潜能。

在模拟的过程中，教师应该给学生切实有用的东西。为学生的就业发展负责，确保每个学生都能在社会工作中发挥自身的优势，以自主创新、不断开拓的态度面对工作。

对教师而言，突出工作能力的培养，倡导成功体验，也是教师在模拟实战中应该坚持的方向。

教师要善于为每个学生开发出一条适合其个性发展的职业道路，使其能在这条道路上彰显自己的才能。在“模拟公司”的实习过程中，努力使学生在实习中获得成功的体验，并帮助学生确立新的目标，不断地向自我挑战，超越自我；同时在遇到问题时，引导学生走出困境，使其掌握遇到问题冷静处理的思维方式。

协调个性发展，注重精神教育，是教师在模拟实战中培养学生为自己负责的态度，挖掘每个学生的专长，因材施教，发现并重视学生在个人的禀赋、气质、兴趣、情感、思维等方面潜能力的发展。通过“模拟公司”的实习指导，引导学生走最适合自己的职业道路。同时，让学生在模拟公司的实习过程中，感受社会的责任感、使命感、正义感，树立积极向上的人生观。

2. 真正实现了实践经验与理论教学的结合

"创业博弈实训"课程的建设是以市场人才需求为导向，通过宏观调控众多模拟公司的组织结构，使各地的高校连成一个网络，形成规模效应，为社会输送具备实际工作能力的优秀毕业生，为解决高校毕业生就业能力的培养提供有效途径。"创业博弈实训"也兼顾校际间的沟通与交流问题，提供协调服务，及时缓解高校专业设置的冲突，能较好地协调各方面的关系。

"创业博弈实训"的建立，将学生学到的书本经验直接引入到社会实践教学环节中，形成一整套的人才培养流程，即由学校进行理论教学后，学生在"创业博弈实训"中进行实践能力的培养和锻炼，再由学校创造条件进行校内综合实践的训练，最终使学生真正达到与工作岗位的"无缝对接"。

3. 有助于提高高校的教学水平

高等院校人才培养目标，要求学生具有高度的敬业精神、纪律观念、良好的服务意识和意志品质。在"创业博弈实训"上，我们认识到产学研结合应当是全方位、多角度的结合，不光表现在知识技能方面，更重要的是在教育学生如何做人、怎样做事、提高综合素质等方面。基于这一理念，"创业博弈实训"利用现场教育直观与具体的特点，组织各个院校的学生进行实战模拟。将职业道德教育和职业精神培养融入训练之中。一方面使学生能够系统、全面、综合地思考问题和解决问题。另一方面还可以提高学生的职业意识，塑造学生的吃苦精神、诚信品质和团队意识，使学生认识到强调养成教育，强化综合素质，不是对学生提出的额外要求，而是职业本身的需要。从而把外在的教育内化为自我养成、自我约束的自觉行动。在这样的培养过程中，学生不仅得到了能力的锻炼，更是接受了一次全方位的创业教育，拓展了学生的就业方向。

4. 有助于提高高校教师队伍的素质

高等院校的办学特色决定了高校教师队伍的建设，教师水平的提高，不仅仅是学历层次的提高，更重要的是实践动手能力的加强，为企业培养一大批高素质的自主创新人才。通过模拟公司的实习方式，不仅锻炼了学生的综合实践能力，更是对指导教师的一次综合锻炼。实训教学内容和就业目标要求的高度一致性，决定了教师也需要了解和掌握基本的职业技能，从而更好地把握模拟公司的经营方向，并指导学生解决经营过程中的种种问题。

第二篇

模拟公司策划创建

项目2　团队组建实训

目的与要求

通过公司团队组建实训项目的教学与学习，使受训人员熟悉团队组建的全过程，培养学生分析与解决问题及团队合作的能力；要求每一组团队的人数控制在2~9人，并选择其中1人为团队队长（团队队长为“模拟公司”创建后的总经理或董事长），由团队队长任命其他团队成员，并负责分配每个人在“模拟公司”中的角色。

相关知识点

人员的招（应）聘

团队的组建

实习流程与环节

1. 指定“模拟公司”发起人

模拟公司成立前，要由公司发起人发起组建团队。因此，在受训人员进行分组后，就应在每组受训人员中指定公司发起人。发起人的指定应由担任该组实训指导教师或本组学生自己指定。发起人为“模拟公司”首批股东。应对“模拟公司”的设立进行经济和法律上的可行性分析，并就设立的相关事项进行协商，明确发起人的权利和义务并达成书面文件，即发起人协议。发起人协议对各方都有法律的约束。此外，在发起人的资格、数量等方面都必须符合《公司法》的相关规定。

2. “模拟公司”成员的招聘

“模拟公司”成员的招聘由团队队长来完成，招聘的方式分为以下两种。

首先是登录“创业博弈实训”，在实习网上寻找所需要的人员。人员选定后发出邀请，等待被邀请人的回复。这期间需要与选定人员进行网络协商，双向选择，得到被选人员的确认后，开始创建团队。同样，在线下也可以进行模拟招聘，与应聘人员进行交流，达成意见后，将应聘人加入到该团队，这批人员就是“模拟公司”的初始创业成员，人员全部选定后，团队正式成立。

3. “模拟公司”成员注资的方式

受训人员注册“创业博弈实训”后，就会有一个“银河币账户”（虚拟货币账户），该账户是个人在虚拟社会中生存的“钱包”。在实习网上所有的虚拟活动都需要使用该账户中的“银河币”。当受训人员注册后，就应该将人民币注入自己的虚拟账户中（1 元人民币 = 1000 枚银河币），在实习网运营阶段采用自负盈亏的方式进行运作。

“模拟公司”成员注资的方式分为两部分。第一部分是受训人员加入到“创业博弈实训”后，将自己账户中的银河币投入到已创建好的“模拟公司”中，与该公司的初始创业成员进行分红。当然这部分注资要经过该团队队长的批准；另一部分是自己创业，自己组建团队，创建模拟公司，将自有的资金与选定的其他成员的资金合并到一起，注入“模拟公司”的账户，作为即将创建的“模拟公司”的初始创业资金。

4. 团队的分组方法

在“模拟公司”团队分组过程中，可以由受训人员在线下自行进行分组，指定团队队长，组建团队；也可以由不认识的人在网络上进行分组，通过沟通交流后，确定团队队长，组建团队；院校学生也可以由指导教师进行分组，并指定团队队长，在分组上如果有条件，可以跨专业、跨班级进行分组，这样更有利于团队的组建，使团队成员各尽其能。

5. 团队成员的分工

团队组建完毕后，团队成员的分工由队长进行分配，队长可以根据每个人所学专业特点进行分工。队长也可以根据每个人职业发展方向和个人特点进行分工，以确保团队成员能够在工作岗位上人尽其才、才尽其用，工作得心应手。

操作范例

——模拟创建团队

“模拟公司”团队认证

学生注册完毕后（或由教师进行批量导入），就可以进行“模拟公司”团队组建业务。进入“我的团队”界面。

学生登录→单击进入“我的门户”→单击“我的团队资料”。

进入“我的团队”后，系统界面如图 2－1 所示。

图 2－1　我的团队

本界面目前显示的是该用户尚未有团队的情况。此时，可以单击“团队创建”，自己创建一个团队；也可以单击“团队加入”，加入一个别人已经创建的团队。

团队认证又分为以下两个步骤进行。

第一步，团队组建。

第二步，提交创业计划书。

这两个步骤均进行完毕并通过认证后，则该创业团队正式成立。

流程如图 2－2 所示。

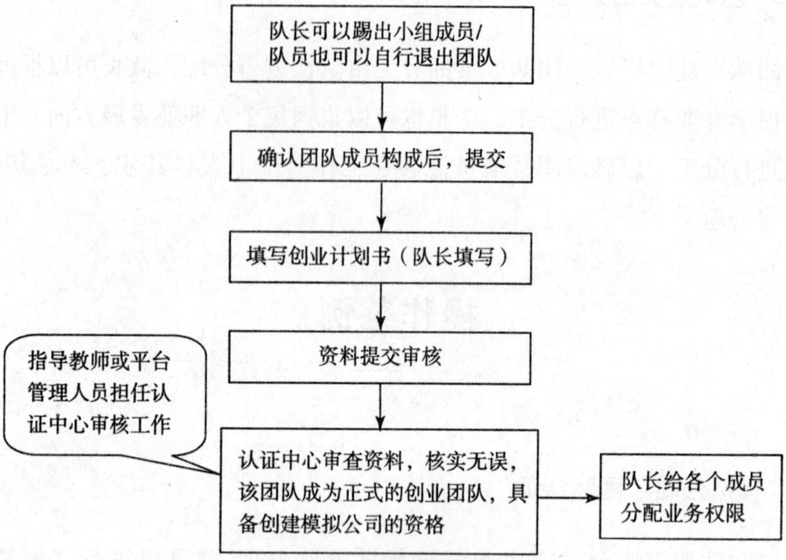

图 2－2　团队建立流程

注：团队认证审核的工作由各个院校的指导教师负责。

（1）团队组建。

前提：用户尚未加入任何团队。

步骤 1：进入“我的团队”→单击“团队创建”，出现如图 2－3 所示界面。

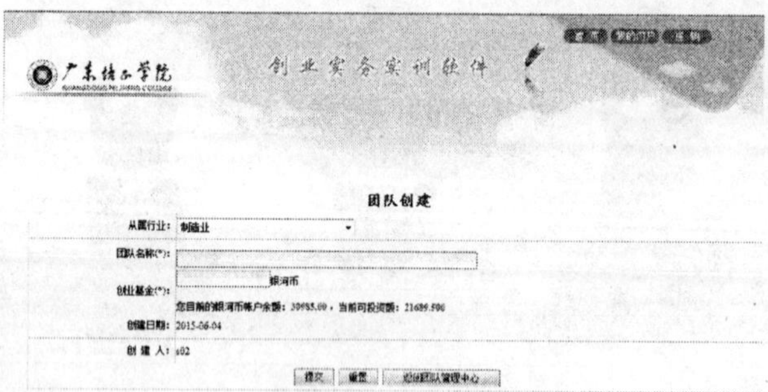

图 2－3　团队创建

步骤 2：根据界面信息输入后提交。

团队编号：不需要输入，提交后系统自动生成。

团队名称：请输入一个比较形象的队名，可以将想要申请的“模拟公司”名称作为您的队名。此处以“科博有限公司”为例。

创建人：申请团队创建的用户即当前登录的用户。

创业基金：该用户所出资的创业基金（银河币）。此处请认真填写，在认证审核及工商登记审核处都需要考核创业基金。此处投入为10000银河币。

选择一个相关的行业，创建日期系统自动生成。

以上各项均填写完毕后，单击“提交”按钮。

提交完毕后，系统提示如图2－4所示。

图2－4　临时团队创建完毕

步骤3：临时团队创建后，再次进入“我的团队”，界面如图2－5所示。

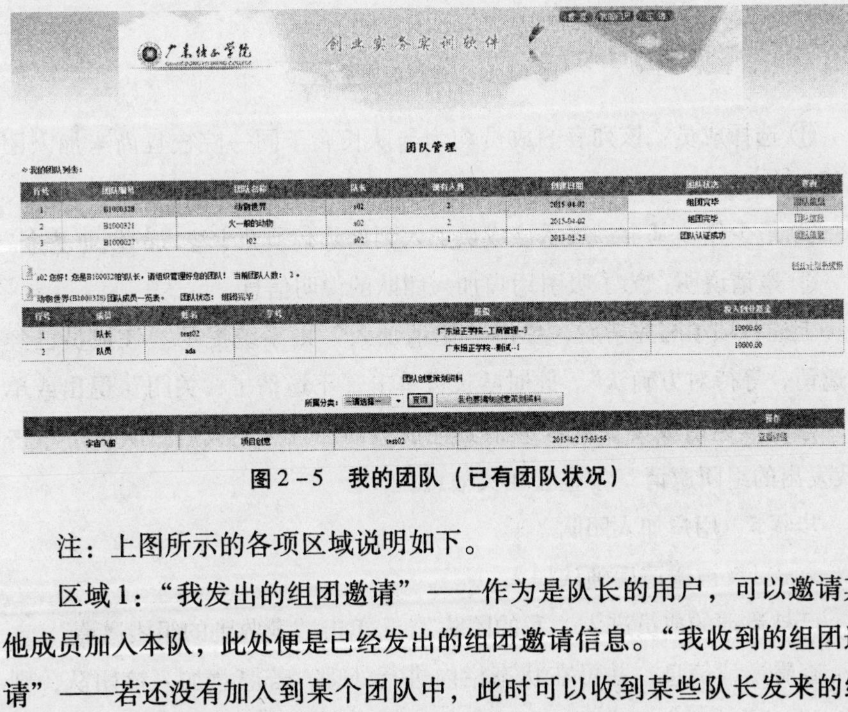

图2－5　我的团队（已有团队状况）

注：上图所示的各项区域说明如下。

区域1：“我发出的组团邀请”——作为是队长的用户，可以邀请其他成员加入本队，此处便是已经发出的组团邀请信息。“我收到的组团邀请”——若还没有加入到某个团队中，此时可以收到某些队长发来的组团邀请，确认接受某邀请并加入到某团队后，其他邀请将不再有意义。若对于很久没有回复的邀请或不想回复的邀请，可直接删除。

区域2：此处是提示该用户目前的团队总体状况。并且在该队成员正式组成完毕前，可以单击“我要退出”退出该团队。

注意： 若用户是某队的队长，单击了“我要退出”后，该团队将自动解散。

作为一个团队的队长可以邀请其他成员加入到本团队中，且在该团队人数未达到最低组团人数限制前，系统将一直提示“团队正在组建中……”

步骤4：邀请成员加入。

单击“我要邀请成员加入”，网站弹出图2－6所示的界面。

图2－6　邀请成员加入

① 选择成员：该列表的成员均为与队长属于同一院校且尚未加入团队的自由人。

② 最少创业基金：表示该成员加入到该队必须至少注入的创业基金。

③ 邀请说明：为了吸引用户加入团队的说明信息。

上述各项填写完毕后，单击“邀请加入”则系统提示“该成员已经被邀请，等待对方确认”。此时队长可单击“不邀请了，关闭”退出或单击“想继续邀请成员”继续邀请其他成员的加入。完成后，队长可单击“我发出的组团邀请”中查看相关信息。

步骤5：用户加入团队。

方式1：被邀请后确认加入。

已被邀请的成员进入“我的团队”→单击“我收到的组团邀请”。

查看邀请信息，并可在状态栏内进行处理，若愿意加入该团队，则“点此加入”，反之“点此拒绝”。

此处，以“点此加入”示例，则该成员加入到团队中。

方式2：主动加入。

未加入团队的成员进入“我的团队”→单击“团队加入”，如图2－7所示。

选择某一团队，并输入创业基金。单击“加入此团队”，则成功加入该临时团队。

以方式1及方式2加入的成员再次单击“我的团队”，则能查看到该

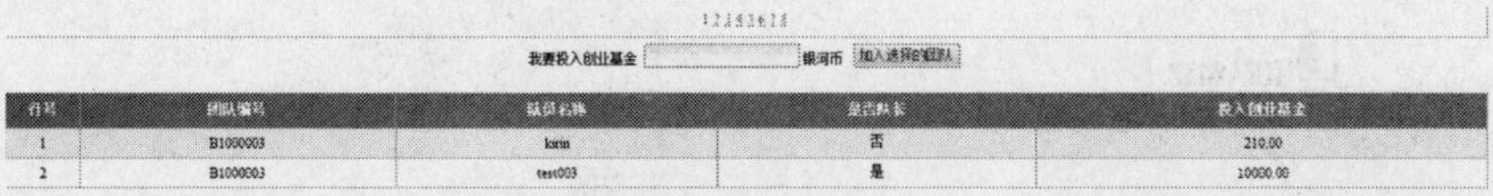

图 2－7　加入团队

团队的相关信息，如图 2－8 所示。

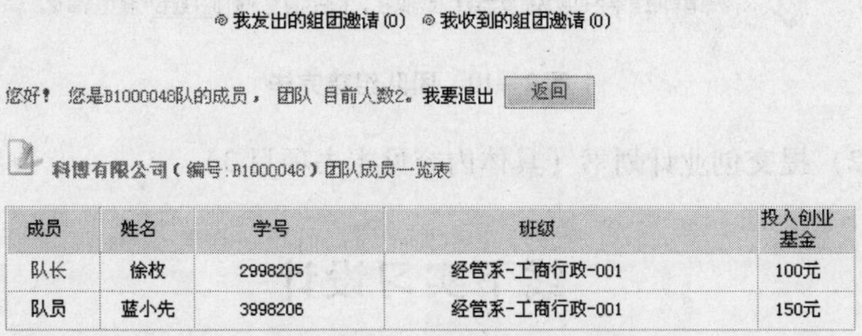

图 2－8　我的团队（队员看到的相关信息）

注意：*作为队员在队长未提交团队成员前，仍可以单击“我要退出”退出目前的临时团队，但一旦队长确认成员组织完毕，则不能再退出此团队。*

步骤 6：队长确定成员构成。

队长进入“我的团队”，可看到图 2－9 所示界面。

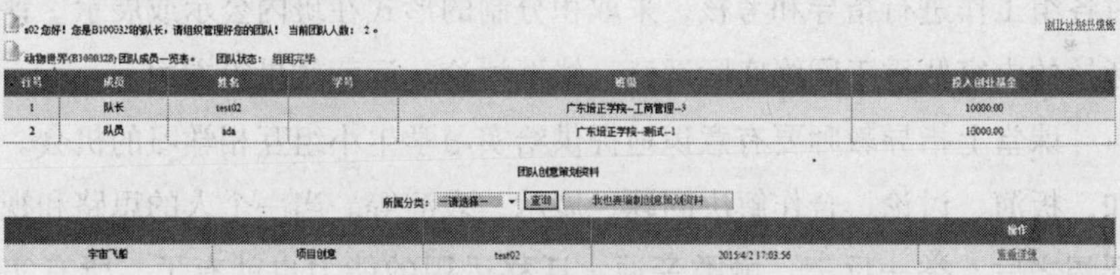

图 2－9　团队管理界面

队长首先能看到团队的成员信息，并可单击队员旁边的“×”将某队员踢出该队。

同时若该队人数尚未超出认证团队的人数上限，队长仍能邀请其他成员加入，且其他未组队成员仍可以加入到该团队中。

若队长已经满意目前的成员构成，则可单击“团队成员组成结束”。此时团队成员组建工作便已完成，如图 2－10 所示。

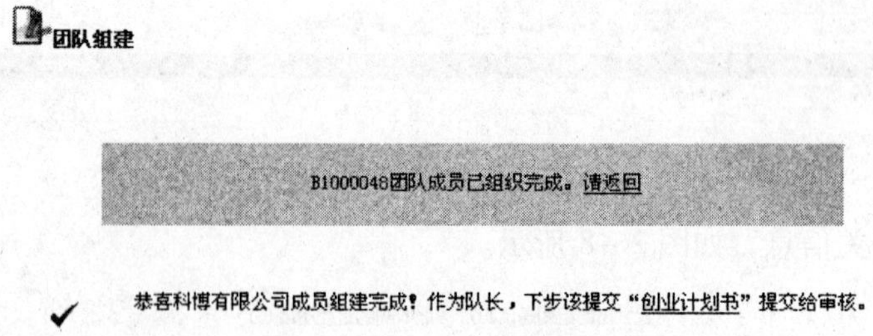

图 2-10　团队组建完毕

（2）提交创业计划书（具体内容见本书项目 3）。

线下实习设计

1. 学生团队的分组方法

模拟公司团队每组的人数为 2～9 人。如果是一个班级的同学，"小组合作"不妨由班主任根据班级现状，照顾到每个学生的具体情况，在学生充分参与的基础上形成以 6 人为一组的创业实践小组。

首先明确各组的工作任务和内容，明确组长的选举办法和职责，定期对各组工作进行指导和考核，采取积分制的形式在班内公示或展示。评价考核的内容侧重于网络实际运营、线下讨论、运营效果等方面。

课堂上指导教师要有意识地提供给实习学生小组互相学习的机会。例如，板演、讨论、合作解决问题、展示、表演等。当一个人的思路和视野开阔之后，举一反三、触类旁通、迁移运用的能力也就有了。所有实训（实习）的学生都有收获、有进步，自然运作"模拟公司"的效果也就好了起来。

2. 成员招聘的场景模拟

"模拟公司"在线上确定了公司发起人及公司成员后，应由发起人着手招聘公司其他股东和员工。在线下进行公司成员招聘的场景设计，提高招聘效果，加深学生的印象，具体程序可按以下步骤进行。

招聘前的准备工作：

为避免盲目性，公司在招聘前必须做好相应的准备工作，拟订招聘计划。一般而言，招聘计划至少包括以下几项内容。

（1）确定岗位人数。

(2) 明确招聘标准。不同性质的工作岗位对其工作人员的要求不同，所以招聘工作人员的标准必需根据工作岗位和工作性质与范围来加以界定。企业一般是通过职位分析和职位说明书来制定招聘标准的。

(3) 招聘渠道的确定。可供选择的招聘渠道有广告招聘、人才招聘、职业介绍机构、行业协会、猎头公司、校园招聘、网络招聘等。企业应根据实际情况选择合适的招聘渠道。

(4) 招聘经费预算。招聘中会涉及各项经费，如广告费、考核费、差旅费及其他费用等。

做好以上准备工作，发起人就可以根据招聘人员的学历、工作经历、工作经验、衣着外表、谈吐举止、个人发展计划、个人兴趣爱好、市场行业知识、产品知识、工作热情及积极性等来作为面试的评判标准，进行面试场景模拟招聘。

拓展训练

实训一　树立权威与有效指挥的能力

实训目的

(1) 树立权威与有效指挥的能力。

(2) 有效激励，调动人的积极性的能力。

(3) 协调关系，与他人沟通的能力。

实训组织

树立权威与有效指挥的能力是在教师的组织下，采用个人与集体相结合的形式进行实训，将学生分成若干小组，以平时各小组进行分散性基础训练，给定时间内集中各小组进行案例讨论的方式组织实训。

实训要求

(1) 通过实训，掌握权力形成机制。通过多种有效渠道自学，增强自身权威。能够结合自身条件优势和管理实际，灵活地运用指挥艺术。

(2) 通过实训，掌握激励机制与先进的激励理论。能正确运用激励的方式方法，结合所处环境特点与管理对象实际实施有效激励。

(3) 通过实训，较好地把握沟通与协调人际关系的原理和技巧。能够对企业及其他组织的实际沟通状况进行正确的分析，较为熟练的运用沟通艺术与技巧，解决现实人际矛盾，协调人际关系，构建和谐群体。

课堂讨论主要内容有以下两点。

第一，掌握如何运用权力。

第二，熟练掌握进行团队有效管理的方法。

实训二　招（应）聘双方互换角色

教师给出案例或招聘方案，以公司为单位，由学生扮演其中的角色（也可轮流扮演），设身处地地对企业所设岗位、职责及人员任职资格条件进行分析。学生从所扮演角色的角度出发，运用所学知识，自主分析与决策，以提高学生实际决策与沟通的能力。

实训三　协调关系与有效沟通的能力

通过以下案例分析有效沟通的重要性。

真心与客户沟通，击败世界五百强竞争对手

客户永远是上帝，这是一条商业定律。对待客户的第一要义就是要真诚，诚心诚意与客户沟通，以此打动客户，与客户交朋友，这样客户才会真心地与你做朋友，才可能做生意。所谓“先做朋友，后做生意”，“生意不在情意在”说的都是这个意思。

本人在韩国晓星公司北京办事处工作的时候，主要工作是销售韩国的钢材到中国。在开发广东美的集团股份有限公司这个客户的时候，碰到了强大的竞争对手韩国三星公司（世界五百强企业）。这两家韩国公司代理销售的都是韩国浦项钢铁公司（当时是世界第二大钢铁公司）的产品，三星香港公司距离美的公司只有半个小时的乘船时间，而我在北京办事处工作，乘飞机加上短途汽车时间至少需要大半天，更糟糕的是我本人不太懂粤语，所以跟客户的电话沟通比较困难，晓星公司明显占劣势。面对这么多的困难，我并不气馁，相信只要以诚待人，通过沟通，真正了解客户的需求，就一定能赢得客户的青睐。

经过多次的电话和传真交流，发现客户还是不能充分相信晓星公司的服务。当时，客户急需一批韩国钢材，但是我们能提供的数量不能满足客户的需求，我们很希望通过供给这批货（300吨冷轧优质钢材）来开始建立彼此的合作关系。客户需要1000吨，认为单独进口300吨却要做同样的进口手续很麻烦，还不如从当地购买已进口的钢材方便。

在这种情况下，我说服韩国经理亲自去拜访未曾谋面的客户。当我到达客户所在地广东顺德区下榻宾馆时，已经晚上8点了。客户采购经理计划带我去娱乐城，算是尽地主之谊。他的意思很明显，这次就不打算进口了，因为300吨钢材进口实在太麻烦，下次再考虑。我觉得他是因为不了解晓星公司和我本人，才没有信心采购的。于是我建议在宾馆坐一坐，我尽量地向客户介绍晓星公司的背景和提供钢材的能力，同时也注意倾听客户的意见。通过两个小时的谈话沟通，客户最终被我的诚心诚意感动了，最后说："明天签合同吧。"有趣的是，由于谈得比较投机，谈话的两个小时中我居然忘了给客户倒茶。那一晚，客户全面了解了晓星公司和本人与美的公司合作的能力和诚心。我的真心和专业知识彻底打消了客户起初不愿意采购的疑虑。

有了这次合作之后，客户陆续地订购了超过8000吨的韩国进口优质钢材，金额超过300万美元。客户和我本人之间建立了充分的信任和理解。在亚洲金融危机爆发之后，韩国总部把这个客户转给了广州办事处，但是广州办事处也只是礼节性地拜访客户，没有与客户做真诚有效的沟通，以至于在近一年时间内连一单生意都没有做成，最后没有办法，韩国总部还是请我再跟客户联系。

在开发这个客户的过程中，我觉得营销员与客户的真心交流非常重要，如果我当时没有与客户真心交流，很可能这个客户已经被三星香港公司抢去了；如果晓星广州办事处的人员能与客户真诚有效地交流，也不至于一年多时间连一吨钢材都没有销售出去。因此要做好营销工作，首先要诚心诚意并且要做有效的沟通。诚心诚意的有效沟通不仅对于成功开发客户至关重要，同时对于维持和发展客户也是举足轻重的。

对以上案例，进行课堂讨论。

实 训 题

情景剧：由师生共同选择案例，并编写脚本。由学生们进行演出，演出分为两部分：一是扮演学生团队组建的过程中，队长与队员之间的矛盾展示；二是由角色扮演者现场处理所要解决的问题。演出结束后，全班同学进行评议，分析各扮演者对问题的处理是否得当，并提出更好的建议。可以分组进行，有关角色也可以轮流扮演。这种方法可提供更有价值的仿真环境，并且使学生对不断变化和发展的管理问题进行动态的分析与决策，对于训练学生的管理意识与实际管理技能具有重要的作用。

复习思考题

1. 结合实际谈谈怎样理解什么是领导、怎样进行领导？

2. 举例说明各种领导方式的优缺点。

3. 在学完本项目后，作为领导者自我评价一下，你的长处与不足是什么？

4. 人员组合的综合效应怎样实现最佳组合？

5. 怎样处理正式群体与非正式群体的关系？

6. 怎样促进心理和谐，正确处理心理冲突？

7. 怎样理解“团队”与“命令型”组织的本质差别？团队有哪些类型？

8. 团队建设有哪几个阶段？怎样建设有效团队？

项目 3　市场调研实训

目的与要求

通过本项目的学习，了解市场调查报告的撰写意义和特点；明确市场调查报告的写作原则与撰写步骤；掌握市场调查报告格式、内容与要求，达到会撰写市场调研报告的目的。

相关知识点

调查资料整理的含义、步骤与内容
市场调查资料整理和分析的基本方法

实习流程与环节

1. 市场调查资料的整理

（1）资料的接受。调查资料的整理计划应该在研究设计阶段就制订好，但真正着手整理是从在实施现场中回收的第一份问卷开始的。因此，如果一旦发现问题，还可以及时纠正或改进实施的工作。

（2）资料的检查。资料的检查一般是指对回收问卷的完整性和访问质量的检查。目的是要确定哪些问卷可以接受，哪些问卷要作废。这些检查常常是在实施尚在进行过程中就已经开始了。如果实施是委托某个资料收集机构去做的，那么研究者在实施工作结束后还要进行独立的检查。

（3）资料的校订。

第一，检查不满意的答案。为了增加准确性，对那些初步接受的问卷还要进一步地检查和校订。校订的工作通常包括检查问卷，找出任何属于下列情况之一的答案：字迹模糊的、内容不完全的、内容前后不一致的。同时对这些不满意的答案做出适当的处理。

第二，处理不满意的答案。通常有三种处理办法：①退回调查现场去获取较好的资料；②按缺失值处理；③整个问卷（被访者）作废。

不过，不满意的问卷与满意的问卷之间一般都会有差异，而且将某份问卷指定为不满意的问卷也可能是主观的。上述这两个因素都会使资料产生偏差。如果研究者决定要作废不满意的问卷，应该向客户报告识别这些问卷（被访者）的方法和作废的数量。

“创业博弈实训”中市场资料的整理，可以在自主创业实习平台上来完成。通过已有“模拟公司”的类型、行业、团队资料、注册资金等对实习网虚拟市场进行分析，将分析的资料进行整理，从而判断现阶段的市场环境与氛围。

2. 市场调查资料的分析

做市场调查，首先是设计一套市场营销计划。第一步是收集准确而精密的顾客及竞争对手资料，接着是要正确地评估市场资料，拟订一套有实效的计划，才可以成功创业或收购一家现成公司，因为市场因素直接影响企业的经营及操纵生意的成败。

受训人员在拟订市场计划时，主要是了解顾客的需求，并选择设计可以满足他们需求的产品或服务；还要思考、推广宣传材料，吸引顾客光顾；最后是分销产品或提供服务的设计。

第一，确定你的顾客对象是谁。

掌握顾客的情况，大致可以评估市场大小，并推断他们购买过程的取舍；此外，受训人员在按这方面的资料挑选营业地点、产品或服务范围、定价及制订销售策略时，可供分析的资料更具有参考价值。

受训人员在分析确定顾客群体时，可以重点考量下列各要素：

（1）购买我的产品是怎样的消费者？主要的对象消费群及次要的消费群的分类；

（2）这些顾客聚居在哪里？他们的背景/习惯？

（3）哪些因素会影响他们消费的取舍？

(4) 消费动机产生购买行为的决定，有哪些人参与出主意？

(5) 顾客消费行为的间隔期要多久？

(6) 他们到哪里购买？有特别的节日或时间吗？他们会花费多少呢？

(7) 这些顾客消费时有何取舍？他们有何需求？

(8) 顾客对品牌忠心吗？可以建立一批长期忠心的顾客群吗？

第二，你打算主攻哪种产品或服务。

市场分析中重要的一环，是考量主攻的产品或服务，切合并满足市场顾客的需求；在这方面必须以顾客喜好为主。

受训人员可以思考下列各项目。

根据调查所得，主攻顾客表示他们的需求和大家打算推出的产品与服务的规格要求一致。

分析竞争对手的产品或服务，并研判顾客心中将如何拿你的产品/服务和市场上对手的比照，比较的标准是什么、孰优孰劣？目前市场上产品趋势是怎样的？现在处于产品发展的哪一个阶段？欲推出的产品或服务，有哪些适用的法规管制？产品将要如何包装？

第三，分析你的市场竞争对手。

市场上已经有竞争对手吗？还有其他对手可能打入市场竞争吗？你推出的产品或服务比这些对手孰优孰劣？当你打入市场时，这些对手将会如何反应？

受训人员可以考量下列各项目：

(1) 市场上哪几个是你的主要对手？

(2) 这些对手目前占据多少市场份额？

(3) 这些对手的强弱（如品质、价格、服务水平、结账期、地点、商誉等）？

(4) 在市场竞争中，决定成败涉及哪些因素？

第四，分析你的目标市场。

草拟一套有实效的综合市场营销策略，必须精准确定目标市场，认真仔细分析，才可以推断市场规模大小（生产量水平）、分销渠道、定价、推广宣传策略及其他市场营销细节。

受训人员可以分析下列目标市场细节：

(1) 整体市场规模有多大？潜在顾客有多少？他们分布在哪些地区？

(2) 市场中哪些消费群最有利于营销增长、推广促销会比较顺畅、竞争状况尚不激烈、利润更佳、整体风险比较小或较为可控？

（3）产品目前一般如何分销到顾客手上？

（4）市场内各顾客群体目前在该产品/服务所消费的金额/数量？

（5）市场正面临哪些演变（包括社会、环保或经济方面的演变）？这些演变将如何影响营销状况？受训者将使用哪些分销渠道？等等。

第五，分销渠道分析。

市场分销渠道有多种。其中包括：

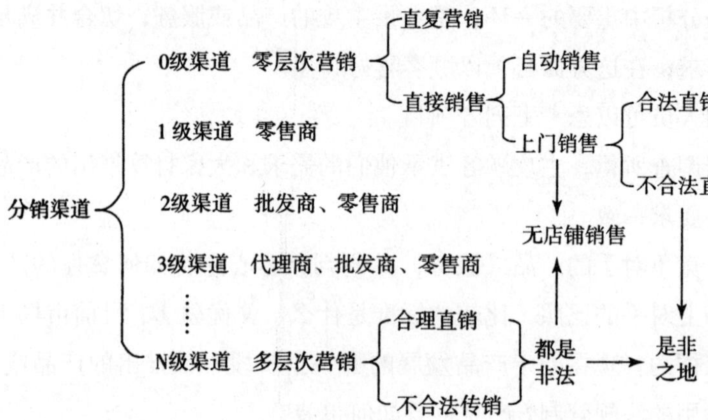

不同的分销渠道，将支配经营商的布置细节。例如，定价系统、广告信息、现金流动等。在考量分销渠道时，必须挑选最有利于营销产品的方法并规划自己在市场内的定位。

受训人员可以考量下列各项目：

（1）哪一种分销方法最有利于推销你的产品？

（2）你的对手使用哪一种分销方法？

（3）覆盖市场范围所需的分销成本是多少？

（4）大家手上的资本或生产量会局限分销方法吗？

（5）在供应系统中，目前有收购的机会吗？

第六，市场定价法分析。

经商之道，是尽量增加利润，而同时不失市场竞争力。定价可以按成本价或市价（市场愿意支付的价格）来计算。为避免定价偏低或出现经营亏损，不论采用哪种方法来定价，大家必须深思细算分销产品或服务的各项成本。如果市场不能支付一个足以抵付成本的价格，大家便要调研、降低成本的方法，否则不如放弃计划。

市场定价时考虑的要素如下：

（1）你手上有控制产品价格的条件吗（如独家产品、市场没有竞争对手、市场需求很大等）？

（2）市场对手的定价是多少？他们如何定价？

（3）如果要达到盈利目标，需要的价格是多少？销售量要多少？

（4）大家可以用不同价格销售到不同的市场吗？

（5）大家有能力固定控制价格一段时间吗？你预计竞争对手在价格方面将如何反应？

（6）大家的定价会受到销量支配吗？

第七，推销与营销分析。

市场分析的另一环节，是如何宣传推销产品、服务并拟订一套策略。大家必须分析最佳的宣传推广方法，设计哪些宣传信息才可以打动顾客，而且要计算广告预算，草拟全面销售计划。

在宣传推销与营销时，企业可以研究下列要项：

（1）市场竞争对手使用哪些媒体做营销广告？

（2）哪些媒体广告对大家的目标顾客最有效力？主要媒体及次要媒体有哪些？（例如，主要媒体——报纸及电台广播；次要媒体——小传单及展销会等）

（3）员工需要哪些销售工具及销售知识的培训？

（4）大家尝试在宣传推广中建立什么样的企业品牌或产品形象？

（5）我们的产品应如何改进包装？

注：虽然市场分析不一定包括客户服务、店内陈设及赠品促销，但这些方法有助于建立商业形象，促进宣传推销效果，因此大家应该不断用心经营这几个项目，发挥最大宣传能量，树立最佳的产品形象。

做商业调查，必须彻底全面、深思熟虑，而且尽量自己亲身参与，只有这样才能更了解市场，并且在创业初期不用花费太多。初步调查完成后，大家可能觉得有必要求助于专业人士为自己收集更深入的资料，并核实自己的初步调查结果。由于大家先做了初步调查，便可以有一定的基础，让专业人士为你更深入地调研，你也可以指示他们针对具体问题进行研究，便可节省一些调查费用。

3. 市场调查报告的撰写

撰写市场调查报告是市场调查的最后一步，也是十分重要的一步。调查数据经过统计分析之后，只是为我们得出有关结论提供了基本依据和素材，要将整个调查研究的成果用文字形式表现出来，使调查真正起到解决问题、服务于市场的作用，则需要撰写调查报告。

（1）撰写市场调查报告的意义。调查报告是调查结果的集中表现。能否撰写出一份高质量的调查报告，是决定调查本身成败与否的重要环节。市场调查报告是市场调查研究成果的一种表现形式。它是通过文字、图标等形式将调查的结果表现出来，以使人们对所调查的市场现象或问题有一个全面系统的了解和认识。

市场调查报告撰写的意义归纳起来有三点。

第一，市场调查报告是市场调查所有活动状况的综合调研与分析，是市场活动成果的集中体现。调查报告是将调查研究的成果以文字和图表的形式表达出来。因此调查报告是市场调查成果的集中反映，并可用作市场调查成果的历史记录。

第二，通过市场调查，透过数据现象分析数据之间隐含的关系，使我们对事物的认识能从感性认识上升到理性认识，更好地指导实践活动。市场调查报告比起调查资料来，更便于阅读和理解，它能把死数字变成活情况，起到透过现象看本质的作用，使感性认识上升为理性认识，有利于商品生产者、经营者了解、掌握市场行情，为确定市场经营目标、改进管理，制订经营计划奠定基础。

第三，市场调查报告是为社会、企业、各管理部门服务的一种重要形式。市场调查的最终目的是写成市场调查报告呈报给企业的有关决策者，以便他们在决策时作参考。一个好的调查报告，能对企业的市场活动提供有效的导向作用。

（2）市场调查报告的功能。市场调查报告应具备如下几个方面的功能：描述调查结果；充当参考文件；证明所做工作的可信度。

第一，调查报告必须表述研究的细节。市场调查报告中应对已完成的调研项目做完整而又准确的描述。也就是说，调查报告的内容必须详细、完整地表达给读者以下内容：调查目的，主要背景信息，调查方法的评价，以表格或图形的方式展示调查结果，调查结果摘要，结论，建议。

第二，调查报告必须与参考文件一样能发挥参考作用，体现参考价值。一旦报告被报送或分发给决策者，它便开始了自己的使命。大多数研究都包括几个目标和一系列意义重大的信息。通常让决策者在某一特定时间记住这些内容是不可能的。因此，调查者发现，决策者及其他研究人员会拿出原报告反复阅读，以便熟悉调查的基本内容。从这方面来看，它像一个价值卓著的参考文件一样发挥作用。

第三，调查报告必须建立并保持研究的可信度。调查报告的可信度可从以下几个方面得到体现。

① 调查报告的外观质量会影响到人们对它的可信度。换句话说，如果调查报告格式不规范，错别字太多，印刷质量太差，有漏掉的页码，图表制作缺乏美观等。那么，给人的第一印象就不好，使人们对调查报告的制作者态度产生怀疑，进而影响读者对研究可信度的评价。

② 调查报告对所采用的调查方法和抽样技术以及可能的误差要加以说明，使得使用调查报告的人员确信调查报告在某些方面是可信的。

③ 调查报告要避免提出一些“令人大吃一惊”的极端性建议。

总之，调查报告必须让读者感受到调查人员对整个调查项目的重视程度和对调查质量的控制程度。这一点无论怎么强调都不过分。

操作范例

——撰写调查报告

调查报告一般由标题和正文两部分组成。

1. 标题

调查报告的标题形式比较灵活，通常有两种构成形式。

一种是单行标题，一种是双行标题。单行标题又分两种形式：一种是公文式标题，由事由和文种构成。如《关于邯郸钢铁总厂管理经验的调查报告》；另一种是内容概括式标题，如《联合之路就是生财之路》《湖南农民运动考察报告》。双行标题又叫主副式标题，由主标题和副标题构成，如《亏损企业的现状不容忽视——关于××市亏损企业的调查报告》。无论采用哪种形式拟制标题，都要力求做到简洁、醒目、观点鲜明。

2. 正文

调查报告正文的结构一般由前言、主体和结语三个部分组成，其各部分的基本内容和写作要求如下：

（1）前言部分。着重介绍基本情况并提出问题。一般概括说明三方面内容：一是调查工作的基本情况；二是“调查对象”的基本情况；三是调查研究结论的提示。但不同的调查报告，前言内容的基本事项不完全相同。也有的调查报告没有前言部分，起笔直接进入主体部分。

（2）主体部分。这是调查报告的核心内容，也是对调查研究结果的具体引证、说明部分。其结构形式主要有两种：一种是纵式结构。根据事物的发生、发展、结局过程来组织材料。另一种是逻辑结构，即根据事物的内在联系，分几个部分来安排材料，各部分可以设小标题，也可用序号标出，各部分之间可以是并列关系，也可以是递进关系。

（3）结语部分。调查报告的结束语，带有结论性质，总结概括全文提出相关的建议，或对策等，是分析问题、解决问题的必然结果，要求简明扼要，言尽即止。

在撰写调查报告时应注意以下问题：

第一，掌握分析研究三部曲，提示事物的客观规律。分析研究贯穿于调查报告写作的全过程。首先，调查本身就伴随着分析研究。没有分析研究，就不可能选准调查对象；没有分析研究，调查的内容、方法、提纲也不能事先确定。其次，面对调查获取的大量原始材料，要进行去粗取精、去伪存真、由此及彼、由表及里的分析研究。第三，只有经过认真的分析研究，才能真实地反映由材料分析到提出观点得出结论、提出建议办法的必然性。这一步分析研究与前两步的分析研究有所不同，它是前面两步分析研究的集中体现，因而更深入、更完整、更系统，更具有理论价值。

第二，用事实说话，把观点和材料统一起来。应该注意两点：一是要善于选择运用具体、典型的材料说明观点。包括：典型事例、综合性材料、对比性材料和数据等。二是善于综合运用叙述、说明、议论等表达方式，把观点和材料紧密结合起来。

附：调查报告例文

关于杭州私家车主构成的独立调查

在近年来如火如荼的汽车消费热潮中，数以万计的杭州百姓人家圆了汽车梦。据统计，杭州私家车拥有量已从2013年年底的每100户家庭4.1辆上升到5辆左右。预计到2014年年底，杭州将成为我国轿车发展最快的城市。

那么是哪些人推动了杭州私家车消费的狂潮？杭州车市有哪些明显的特征？这些问题无疑是很多业内人士和有车族关注的焦点。近日，我们在一些酒店、写字楼、停车场、生活小区等地通过当面访问以及电话采访、网上调查等方式，对杭州私家车情况做了一次抽样调查。此次调查共发放

300份问卷，回收有效问卷253份。

年轻车主崛起

在外贸公司工作的王小姐说，普通的交通工具已经不能满足现在年轻人的需要。现在的年轻人张扬个性，事事都要有自己独立的空间。同时工作生活的快节奏促使现在的年轻人需要更快捷的交通工具来实现工作的高效率。

调查结果显示，中年车主仍然是私家车主的主流群体，占了调查人数的63.3%。值得注意的是，一部分年轻车主正在崛起，占总人数的26.5%。这部分车主的年龄为20～30岁，大多拥有大学本科学历以及较好的职业，年收入为5万～10万元，而且50%以上由自己独立出资购车。

这部分车主最为敏感的是轿车的价格，占了37%。另外，油耗、安全性、品牌以及外观也是他们所关注的主要因素。他们选择的车型、颜色一般比较时尚，驾龄一般与购车时间同步，大多集中在近3年内。

个体业主是主力

个体业主陈先生拥有一辆别克商务车，他说自己周围越来越多的人都购买了商务车。从职业角度考虑，商务车拥有开阔的内部空间，适于他们随时接待客户、洽谈商贸。另外，也使企业形象和个人身份得到了提升。

在调查中，个体私营者仍是私家车主的主流，占总数的26.5%。令人惊喜的是，私家车主的职业构成呈现了前所未有的多元化趋势：公务员、教师、普通职员成为壮大最快的购车队伍。

这类车主购车主要用于上下班代步，同时方便周末出游。选择的价位基本在5万～15万元。公务员方先生买了一辆威驰，平时工作日顺带接送孩子上学、放学和妻子上下班。到了周末，则开车带着家人到周边风景区感受大自然的风光。他感慨地说，有车后，生活半径扩大了不少，生活质量也提高了。

买家愿付全款

一个月前，在杭州某事业单位工作的朱先生参加团购，买了一辆赛欧两厢SRV，7.28万元的车价加上其他费用，他一次性支付了8万多元将车子开回了家。

同样的问题居然得出了两个截然相反的答案：网上调查显示，购车方式选择银行按揭的高达71%；而在当面访问和电话采访中，选择一次性现金交付的占了80%以上。仔细分析发现，选择银行按揭的车主大多已有两年以上的有车生活，而选择全额购车的车主，基本都是在近两年内首次购车。

元通汽车公司的王先生解释说，银行按揭骤然降温的主要原因是银行信贷的收紧，办贷手续的烦琐；与一年前宽松的信贷政策和市场浓厚的消费信贷气氛相比，越来越多的人选择了全额购车。而收入的提高和车价的持续下降也是许多人选择全额购车的一个原因。另外，现在购车以家庭为主，人们的普遍心态是求稳，尽量避免超前消费，所以多是等家里存够了钱才买。

汽车网站受青睐

罗先生在3年前就想为自己购买一款当时风靡的车，但自打他在销售公司下订单半年来，对方一直没有消息。无奈之下，他只好放弃这次购车计划。一次偶然的机会他在网上看到一家汽车销售公司正在出售那款车，抱着试一试的心态他下了一份电子订单。没想到，一个月后就拿到了车。

近年来消费者在获得购车信息渠道方面出现了多样化趋势。除了看报纸、杂志、电视上的汽车广告和汽车新闻，越来越多的人走进了网络世界。调查表明：杭州有22.4%的购车族倾向于浏览互联网上的汽车网站，因为他们更看重网上全面、丰富、深入的汽车信息，购车者足不出户就可以了解到各大品牌车的最新动态，一些制作精良的网站还能带消费者领略试坐感受、汽车构造和部件性能。在日趋完善的网络世界，甚至实现了网上购车。

车主倾向5年换车。

几年前，国产轿车市场还是洋品牌一手遮天，国内汽车品牌比较少，一辆轿车的身价往往令人咋舌，许多人还抱着“一车终身制”的观念。随着国内中低档家用轿车的开拓和发展壮大，越来越多的家庭已抛弃了这种观念。

调查发现：经济型家庭轿车市场份额遥遥领先，86%的人购买的第一辆车价格低于15万元；另外，44.9%的车主表示平均5年会换一辆新车。特别是国内汽车生产、经销市场新陈代谢加速，各家新款车层出不穷，售后服务的不断完善加之低价位的营销战略，不仅让普通工薪阶层圆了购车梦，更让囊中鼓鼓、喜欢体验不同驾驶感觉的人过足了车瘾。

但值得注意的是，车主对于遵守交通规则的自觉性仍比较欠缺。调查显示，买车后从未有过违章经历的人只占了1%，有六成车主违章记录在5次左右，违章超过10次的比例高达12%。

线下实习设计

市场调查最好的方法是到实地调查。实地调查是在周详严密的架构下，由调查人员直接向被访问者收集第一手资料的相互往来过程。第一手资料又成为初级资料，系指首次收集到的资料。

实地调查常用的方法有三。

（1）观察法。由调查人员亲自观察具体事项并收集资料。例如，调查人员到被访问者的厨房去观察食用油及包装情况即是。

（2）实验法。由调查人员用实验的方式，将对象放在某种条件下做观察以获取情报。例如食品的品尝会，就是采用了实验法。

（3）问卷法。将要调查的资料设计成表之后，让接受调查对象将自己的意见或回答填入问卷中。

各个团队可先从“行销问题分析”着手，确定举行市场调查的目的后，方可着手市场调查准备工作，以避免调查方向错误。

拓展训练

实训一　调查素质拓展训练

根据教学与训练需要，特别是要带着特定的管理问题，组织学生进行社会调查，深入企业，访问企业家与管理者，再由学生写出调研报告让学生在“做”的过程中培养学生的市场分析能力和观察能力。

实训二　项目可行性及市场前景预测分析

学生可以根据市场调研的结果撰写项目可行性报告，预测项目市场前景，并用相同的方法将线下的拓展训练流程，用在网络上，对虚拟市场进行分析，将现实市场环境与虚拟市场环境进行对比，从而得出最终的项目可行性结论。

实 训 题

情景剧。选取特定市场，以此市场为市场调研背景环境，开展一次实地的市场调研计划分析。

复习思考题

结合实际谈谈怎么理解市场调研，如何去开展一项完整的市场调研计划。

项目 4　创业计划实训

目的与要求

通过本项目创业计划书的撰写，培养学员观察环境、分析界定问题的能力及创新与科学决策的能力。要求每位学员能够合理地利用科学知识、配置资源、制订计划、独立完成创业计划书的编制。

相关知识点

创业计划书
企业组织
财务计划

实习流程与环节

1. 企业概况

团队发起人根据团队所创建的“模拟公司”具体情况来编制企业概况。主要包括：模拟公司的背景、规模、发展趋势、产品描述、生产工艺、运营状况、社会反响等，使阅读者看过概况后对企业性质及发展前景一目了然。

2. 市场分析

市场分析是对市场规模、位置、性质、特点、市场容量及市场范围等调查资料所进行的经济分析。是通过市场调查和供求预测，根据项目产品的市场环境、竞争力和竞争者，分析、判断项目投产后所生产的产品在限定时间内是否有市场以及采取怎样的营销战略来实现销售目标。

市场分析的主要任务是：分析预测全社会对项目产品的需求量；分析同类产品的市场供给量及竞争对手情况；初步确定生产规模；初步测算项目的经济效益。

市场分析是工业发展与工业布局研究的组成部分之一。按其内容分为三类。

（1）市场需求预测分析。包括现在市场需求量估计和预测未来市场容量及产品竞争能力。通常采用调查分析法、统计分析法和相关分析预测法。

（2）市场需求层次和各类地区市场需求量分析。即根据各市场特点、人口分布、经济收入、消费习惯、行政区划、畅销牌号、生产性消费等，确定不同地区、不同消费者及用户的需要量以及运输和销售费用。一般可采用产销区划、市场区划、市场占有率及调查分析的方法进行。

（3）估计产品生命周期及可销售时间。即预测市场需要的时间，使生产及分配等活动与市场需要量做最适当的配合。通过市场分析可确定产品的未来需求量、品种及持续时间；产品销路及竞争能力；产品规格与品种变化及更新；产品需求量的地区分布；等等。

在工业发展与布局研究中，市场分析有助于确定地区工业部门或企业的发展水平和发展规模，及时调整产业结构；有助于调整产品结构，提高竞争能力；有助于在运输和生产成本最小的原则下，合理布置工业企业。

3. 营销计划

企业营销计划是指在对企业市场营销环境进行调研分析的基础上，制订企业及各业务单位的营销目标以及实现这一目标所应采取的策略、措施的明确规定和详细说明。

营销计划是企业的战术计划，营销战略对企业而言是“做正确的事”，而营销计划则是“正确地做事”。在企业的实际经营过程中，营销计划往往碰到无法有效执行的情况：一种情况是营销战略不正确，营销计划只能是“雪上加霜”，加速企业的衰败；另一种情况则是营销计划无法贯彻落实，不能将营销战略转化为有效的战术。

营销计划充分发挥作用的基础是正确的战略，一个完美的战略可以不必依靠完美的战术，而从另一个角度看，营销计划的正确执行可以创造完美的战术，而完美的战术则可以弥补战略的欠缺，还能在一定程度上转化为战略。

4. 企业营销计划类型

按计划时期的长短划分，营销计划可分为长期计划、中期计划和短期计划。

长期计划的期限一般5年以上，主要是确定未来发展方向和奋斗目标的纲领性计划；中期计划的期限1~5年；短期计划的期限通常为1年，如年度计划。

按计划涉及的范围划分，可分为总体营销计划和专项营销计划。

（1）总体营销计划。总体营销计划是企业营销活动的全面、综合性计划。

（2）专项营销计划。专项营销计划是针对某一产品或特殊问题而制订的计划。如品牌计划、渠道计划、促销计划、定价计划等。

按计划的程度划分，可分为战略性计划、策略计划和作业计划。

（1）战略性计划。战略性计划是对企业将在未来市场占有的地位及采取的措施所做的策划。

（2）策略计划。策略计划是对营销活动某一方面所做的策划。

（3）作业计划。作业计划是各项营销活动的具体执行性计划。例如，一项促销活动需要对活动的目的、时间、地点、活动方式、费用预算等作策划。

5. 企业营销计划的内容

企业营销计划包括以下内容。

（1）计划概要。计划概要是对主要营销目标和措施的简短摘要。目的是使高层主管迅速了解该计划的主要内容，抓住计划的要点。例如某零售商店年度营销计划的内容概要是：“本年度计划销售额为5 000万元，利润目标为500万元，比上年增加10%。这个目标经过改进服务、灵活定价、加强广告宣传和促销努力是能够实现的。为达到这个目标，今年的营销预算要达到100万元，占计划销售额的2%，比上年提高12%”。

（2）营销状况分析。这部分主要提供与市场、产品、竞争、分销以及宏观环境因素有关的背景资料。具体内容有：

① 市场状况分析。列举目标市场的规模及其成长性的有关数据、顾客的需求状况等。如目标市场近年来的年销售量及其增长情况在整个市场中所占的比例等。

② 产品状况分析。列出企业产品组合中每个品种的近年来销售价格、市场占有率、成本、利润率等方面的数据。

③ 竞争状况分析。识别出企业的主要竞争者，并列举竞争者的规模、目标、市场份额、产品质量、价格、营销战略及其他的有关特征，以了解竞争者的意图、行为，判断竞争者的变化趋势。

④ 分销状况分析。描述公司产品所选择的分销渠道的类型及其在各种分销渠道上的销售数量。如某产品在百货商店、专业商店、折扣商店、邮寄等各种渠道上的分配比例等。

⑤ 宏观环境状况分析。主要对宏观环境的状况及其主要发展趋势作出简要的介绍。包括人口环境、经济环境、技术环境、政治法律环境等社会文化环境，从中判断某种产品发展的宏观与微观环境及寿命周期。

（3）机会与风险分析。首先对计划期内企业营销所面临的主要机会和风险进行分析。再对企业营销资源的优势和劣势进行系统分析。在机会与风险、优劣势分析基础上，企业可以确定在该计划中所必须注意的主要问题。

（4）拟定营销目标。拟定营销目标是企业营销计划的核心内容，在市场分析基础上对营销目标作出决策。计划应建立财务目标和营销目标，目标要用数量化指标表示，要注意目标的可操作性、合理性、前瞻性，并应有一定的开拓性。

① 财务目标。财务目标即确定每一个战略业务单位的财务报酬目标，包括投资报酬率、利润率、利润额等指标。

② 营销目标。财务目标必须转化为营销目标。营销目标可以由以下指标构成。如销售收入、销售增长率、销售量、市场份额、品牌知名度、分销范围等。

（5）营销策略。拟定企业将采用的营销策略。包括目标市场选择和市场定位、营销组合策略等。明确企业营销的目标市场是什么市场，如何进行市场定位，确定何种市场形象；企业拟采用什么样的产品、渠道、定价和促销策略。

(6) 行动方案。对各种营销策略的实施制订详细的行动方案。方案中要阐述以下问题：将要做什么？何时开始做？何时完成？谁来做？成本是多少？整个行动计划可以列表加以说明。表中具体说明每一时期应执行和完成的活动时间安排、任务要求和费用开支等，使整个营销战略落实于行动，并能循序渐进地贯彻执行。

(7) 营销预算。营销预算即通过市场预测分析后，开列一张实质性的预计损益表。在收益的一方要说明预计的销售量及平均实现价格，预计出销售收入总额；在支出的一方要说明生产成本、实体分销成本和营销费用，以及再细分明细支出，预计支出总额；最后得出预计利润，即收入和支出的差额。企业的业务单位编制出营销预算后，送上层主管审批。经批准后，该预算就是材料采购、生产调度、劳动人事以及各项营销活动的依据。

(8) 营销控制。对营销计划执行进行检查和控制，用以监督计划的进程。为便于监督检查，具体做法是将计划规定的营销目标和预算按月或季分别制定。营销主管每期都要审查营销部门的业务实绩，检查是否完成实现了预期的营销目标。凡未完成计划的部门，应分析问题原因，并提出改进措施，以争取实现预期目标，使企业营销计划的目标任务都能落实。

6. 企业组织

企业组织结构是企业组织内部各个有机构成要素相互作用的联系方式或形式，以求有效合理地把组织中的人财物有机地组织起来，为实现共同目标而协同努力。

组织结构是企业资源和权力分配的载体，它在人的能动行为下，通过信息传递，承载着企业的业务流通，推动或者阻碍企业使命的进程。由于组织结构在企业中的基础地位和关键作用，企业所有战略意义上的变革都必须首先在组织结构上开始。

(1) 企业组织结构模式类型及历史演变。

① U 型组织结构。19 世纪末 20 世纪初，西方大企业普遍采用的是一种按职能划分部门的纵向一体化的职能结构，即 U 型结构。U 型组织结构的特点是企业内部按职能（如生产、销售、开发等）划分成若干部门，各部门独立性很小，均由企业高层领导直接进行管理，即企业实行集中控制和统一指挥。U 型组织结构保持了直线制的集中统一指挥的优点，并吸

收了职能制发挥专业管理职能作用的长处。

U 型组织结构适用于市场稳定、产品品种少、需求价格弹性较大的环境。但是，从20世纪初开始，西方企业的外部环境发生了很大的变化。如原有市场利润率出现下降、新的技术发明不断产生等，同时企业规模不断扩大，使这种结构的缺陷日渐暴露。高层领导由于陷入了日常生产经营活动，缺乏精力考虑长远的战略发展，且行政机构越来越庞大，各部门协调越来越难，造成信息和管理成本上升。到20世纪初，通用汽车公司针对这种组织结构的缺陷，首先在公司内部进行组织结构的变革，许多企业尝试采用 M 型组织结构。此后，许多大公司都开始仿效。

② M 型组织结构。M 型组织结构又称事业部型组织结构。这种结构的基本特征是，战略决策和经营决策分离。根据业务按产品、服务、客户、地区等设立半自主性的经营事业部，公司的战略决策和经营决策由不同的部门和人员负责，使高层领导从繁重的日常经营业务中解脱出来，集中精力致力于企业的长期经营决策，并监督、协调各事业部的活动和评价各部门的绩效。

与 U 型结构相比较，M 型结构具有治理方面的优势，且适合现代企业经营发展的要求。M 型组织结构是一种多单位的企业体制，但各个单位不是独立的法人实体，仍然是企业的内部经营机构，如分公司。

③ 矩阵制结构。在组织结构上，把既有按职能划分的垂直领导系统、又有按产品（项目）划分的横向领导关系的结构，称为矩阵组织结构。矩阵制组织是为了改进直线职能制横向联系差，缺乏弹性的缺点而形成的一种组织形式。它把按职能划分的部门与按项目划分的小组结合起来组成矩阵，使小组成员接受小组和职能部门的双重领导。它的特点表现在围绕某项专门任务成立跨职能部门的专门机构上，这种组织结构形式是固定的，人员却是变动的，任务完成后就可以离开。

与 U 型结构相比较，矩阵制结构机动、灵活，可随项目的开发与结束进行组织或解散。由于这种结构是根据项目组织的，任务清楚，目的明确，各方面有专长的人都是有备而来，克服了 U 型结构中各部门互相脱节的现象。矩阵结构适用于一些重大攻关项目。企业可用来完成涉及面广的、临时性的、复杂的重大工程项目或管理改革任务。特别适用于以开发与实验为主的单位。例如科学研究，尤其是应用性研究单位等。

④ 多维制和超级事业部制结构。多维制结构又称立体组织结构，是在矩阵制结构的基础上建立起来的一种新型的组织结构。由美国道－科宁

化学工业公司于1967年首先创立。在矩阵制结构（即二维平面）基础上构建产品利润中心、地区利润中心和专业成本中心的三维立体结构，若再加时间维可构成四维立体结构。虽然其细分结构比较复杂，但每个结构层面仍然是二维制结构，而且多维制结构未改变矩阵制结构的基本特征，多重领导和各部门配合，只是增加了组织系统的多重性。因而，其基础结构形式仍然是矩阵制，或者说它只是矩阵制结构的扩展形式。

超级事业部制是在M型结构基础上建立的，目的是对多个事业部进行相对集中管理，即分成几个“大组”，便于协调和控制。但它的出现并未改变M型结构的基本形态。

⑤ H型组织结构。H型组织结构是一种多个法人实体集合的母子体制，母子之间主要靠产权纽带来连接。H型组织结构较多地出现在由横向合并而形成的企业之中。这种结构使合并后的各子公司保持了较大的独立性。子公司可分布在完全不同的行业，而总公司则通过各种委员会和职能部门来协调与控制子公司的目标和行为。这种结构的公司往往独立性过强，缺乏必要的战略联系和协调。因此，公司整体资源战略运用存在一定难度。

⑥ 模拟分权制结构。模拟分权制是一种介于直线职能制和事业部制之间的结构形式。其优点除了宜于调动各生产单位的积极性外，还能够解决企业规模过大不易管理的问题。高层管理人员将部分权力分给生产单位，减少了自己的行政事务，从而把精力集中到战略问题上来。其缺点是，不易为模拟的生产单位明确任务，造成考核上的困难；各生产单位领导人不易了解企业的全貌，在信息沟通和决策权力方面也存在着明显的缺陷。

(2) 企业组织结构发展趋势。

① 扁平化。组织结构的扁平化，就是通过减少管理层次、裁减冗余人员来建立一种紧凑的扁平组织结构，使组织变得灵活、敏捷，提高组织效率和效能。

彼得·德鲁克预言：未来的企业组织将不再是一种金字塔式的等级制结构，而会逐步向扁平式结构演进。根据1988年对美国41家大型公司的调查发现，成功的公司比失败的公司平均要少4个层级。

扁平化组织结构的优势主要体现在以下几个方面：第一，信息流通畅，使决策周期缩短。组织结构的扁平化，可以减少信息的失真，增加上下级的直接联系，信息沟通与决策的方式和效率均可得到改变。第二，创造性、灵活性加强，致使士气和生产效率提高，员工工作积极性增强。第三，可以降低成本。管理层次和职工人数的减少，工作效率提高，必然带来产品成本的降低，从而使公司的整体运营成本降低，市场竞争优势增强。第四，有助于增强组织的反应能力和协调能力。企业的所有部门及人员更直接地面对市场，减少了决策与行动之间的时滞，增强了对市场和竞争动态变化的反应能力，从而使组织能力变得更柔性、更灵敏。

组织结构框架从“垂直式”实现向“扁平式”转化，组织结构的转化是众多知名大企业走出大而不强困境的有效途径之一。美国通用电气公司推行“零管理层”变革，杰克·韦尔奇把减少层次比喻为给通用电气公司脱掉厚重的毛衣。如在一个拥有8 000多工人的发动机总装厂里，只有厂长和工人，除此之外不存在任何其他层级。生产过程中必需的管理职务由工人轮流担任，一些临时性的岗位，如招聘新员工等，由老员工临时抽调组成，任务完成后即解散。国内家电行业的知名企业长虹、海尔也不约而同地进行了企业组织结构的调整，从原来的“垂直的金字塔结构”实现了向“扁平式结构”的转化。

② 网络化。随着信息技术的飞跃发展，信息的传递不必再遵循自上而下或自下而上的等级阶层，就可实现部门与部门、人与人之间直接的信息交流。企业内部的这种无差别、无层次的复杂的信息交流方式极大地刺激了企业中信息的载体和运用主体———组织的网络化发展。

相对于官僚制组织而言，网络组织最本质的特征在于强调通过全方位的交流与合作实现创新和双赢。全方位的交流与合作既包括了企业之间超越市场交易关系的密切合作，也包括了企业内部各部门之间、员工之间广泛的交流与合作关系，而且这些交流与合作是以信息技术为支撑的，并将随着信息技术的发展而得到不断地强化。当然，网络关系不能完全取代组织中的权威原则的作用，否则组织就会出现混乱。所以网络组织中的层级结构始终是需要保持有序的，只不过在组织结构网络化的条件下，采取的是层级更少的扁平化的组织结构。

组织结构网络化主要表现为企业内部结构网络化和企业间结构网络化。企业内部结构的网络化是指在企业内部打破部门界限，各部门及成员以网络形式相互连接，使信息和知识在企业内快速传播，实现最大限度的资源共享。杰克·韦尔奇曾致力于公司内部的无边界化，无边界化使内部沟通畅通无阻，极大地提高管理效率。企业间结构网络化包括纵向网络和横向网络。纵向网络即由行业中处于价值链不同环节的企业共同组成的网络型组织。例如供应商、生产商、经销商等上下游企业之间组成的网络，如通用汽车公司和丰田汽车公司就分别构建了一个由众多供应商和分销商组成的垂直型网络。这种网络关系打破了传统企业间明确的组织界限，大大提高了资源的利用效率及对市场的响应速度。横向网络指由处于不同行业的企业所组成的网络。这些企业之间发生着业务往来，在一定程度上相互依存。最为典型的例子是日本的财团体制、大型制造企业、金融企业和综合商社之间在股权上相互关联，管理上相互参与，资源上共享，在重大战略决策上采取集体行动，各方之间保持着长期和紧密的联系。

组织的网络化使传统的层次性组织和灵活机动的计划小组并存，使各种资源的流向更趋合理化。通过网络凝缩时间和空间，加速企业全方位运转，提高企业组织的效率和绩效。

③ 无边界化。无边界化是指企业各部门间的界限模糊化。无边界化的目的在于使各种边界更易于渗透，打破部门之间的沟通障碍，有利于信息的传送。

在具体的模式上，比较有代表性的无边界模式是团队组织。团队指的是职工打破原有的部门界限，绕开中间各管理层而组合起来直接面对顾客且对公司总体目标负责的以群体和协作优势赢得竞争优势的企业组织形式。

无边界组织成为组织结构创新的典型模式。团队一般可以分为两类：一类是“专案团队”。团队成员主要来自公司各单位的专业人员，其使命是为解决某一特定问题而组织起来，问题解决后即宣告解散；另一类是“工作团队”。可以进一步把它分为高效团队和自我管理团队。工作团队一般是长期性的，长期从事于日常性的公司各业务工作。

因此，“无边界”思想是一种非常具有新意的企业组织结构创新思想，它完全是超国界、超制度、超阶级、超阶层的。组织作为一个整体的功能得以提高，已经远远超过各个组成部门的功能。

④ 多元化。企业不再被认为只有一种合适的组织结构，企业内部不同部门、不同地域的组织结构不再是统一的模式，而是根据具体环境及组织目标来构建不同的组织结构。管理者要学会利用每一种组织工具，了解并且有能力根据某项任务的业绩要求，选择合适的组织工具，从一种组织转向另一种组织。

⑤ 柔性化。组织结构的柔性化是指在组织结构上，根据环境的变化，调整组织结构，建立临时的以任务为导向的团队式组织。组织柔性的本质

是保持变化与稳定之间的平衡，实现这种平衡需要管理者具有很强的管理控制能力。

随着信息化、网络化和全球化的日益发展，企业内外部信息共享、人才共用已成为主要特征。全球范围跨国经济的发展和企业集团的壮大，已初步形成了一种跨地区、跨行业、跨部门、跨职能的具有高度柔性化的机动的团队化组织。柔性化组织最显著的优点是灵活便捷，富有弹性。因为这种结构可以充分利用企业的内外部资源，增强组织对市场变化与竞争的反应能力，有利于组织较好地实现集权与分权、稳定性与变革性的统一。除此之外，还可以大大降低成本，促进企业人力资源的开发，并推动企业组织结构向扁平化发展。美国霍尼韦尔公司为巩固客户关系，组建了由销售、设计和制造等部门参加的“突击队”，这个临时机构按照公司的要求，把产品的开发时间由 4 年缩短为 1 年，把即将离去的客户拉了回来。很显然，柔性化的组织结构强化了部门间的交流合作，使多学科、多领域的知识共享后形成合力，有利于科学技术的创新与发展。

⑥ 虚拟化。组织结构的虚拟化是指用技术把人、资金、知识或构想网络在一个无形（指实物形态的统一的办公大厦、固定资产和固定的人员等）的组织内，以实现一定的组织目标的过程。

虚拟化的企业组织不具有常规企业所具有的各种部门或组织结构，而是通过网络技术将含有目标所需要的各种知识、信息、人才、物质、资源等多要素紧密结合在一起，组成一个动态的资源利用综合体。

虚拟组织的典型应用是创造虚拟化的办公空间和虚拟化的研究机构。前者是指同一企业的员工可以置身于不同的地点，但通过信息和网络技术连接起来，如同在同一办公大厦内，同步共享与交流信息和知识；后者是指企业借助于通信网络技术，建立一个与世界各地的属于或不属于本企业的研究开发人员、专家或其他协作人员联系在一起，组成跨越时空的合作联盟实现一定的目标。

⑦ 财务计划。财务计划需要花费较多的精力来做具体分析。其中包括现金流量表、资产负债表以及损益表的编制与分析。

流动资金是企业的生命线，因此企业在初创期或扩张期，对流动资金需要有预先周详的计划并进行过程中的严格控制；企业的财务计划可以通过各种财务表来反映。损益表反映的是企业一定时期内的经营损益状况，它是企业在一段时间运作后的经营结果；资产负债表则反映在某一时点上的企业财务状况，投资者可以通过综合分析各种财务报表中的数据而得到的各种比率指标，来衡量企业的经营状况以及可能的投资回报率。

财务规划一般要包括以下内容。

（1）商业计划书的条件假设。

（2）预计的资产负债表；预计的损益表；现金收支分析；资金的来源和使用。

操作范例

1. 编制创业计划书

创业计划书是一份全方位描述创业过程的文件，是创业者素质的体现。

“我的团队”相关页面如图 4－1 所示。

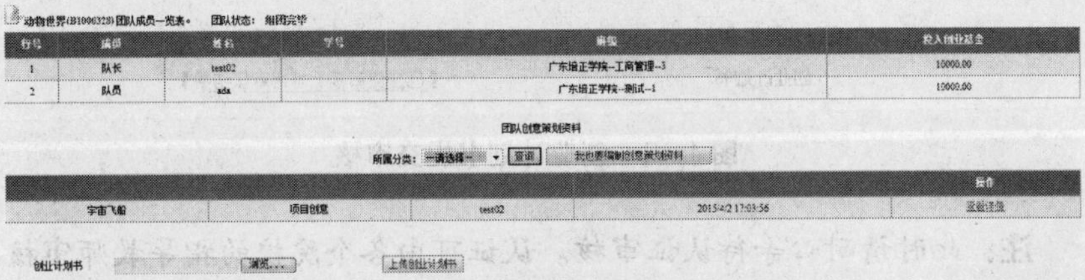

图 4－1　我的团队

点击团队管理处的“创业计划书”，首先看到的是创业计划书的封面。

点击“提交”后进入下一页，并逐一进行各项栏目的编制。

第 1 页：企业概况，每项栏目均需仔细填写，描述该企业的整体状况。

第 2 页：填写相关的市场分析资料。

第 3 页：编制营销计划，填写“产品及销售预测”，点击“增加”可增加相应的产品或服务。编制“价格及价格策略”，点击“增加”可增加相关的价格策略。

注：“产品及销售预测”请务必填写。否则此项商业计划书不允许通过。

第 4 页：编制销售方式、促销频率及促销成本信息，并填写好企业组织的管理团队信息。

第 5 页：填写好合作人协议，并上传企业组织结构图。

第 6 页：填写职员队伍。

第 7 页：编制企业将获得的营业执照、许可证，以及企业的法律责任及财务计划的资金筹集信息。

第 8 页：填写固定资产信息。

第 9 页：编制每月的流动资金信息。

第 10 页：做财务预测的 12 个月的销售收入预测。

第 11 页：编制 12 个月的销售及成本计划。

第 12 页：编制现金流量计划。

第 13 页：进行财务分析。

依次填写完 13 页信息后，队长点击“ = > 提交至认证中心审核”，该创业计划书将提交到认证中心管理处，等待审核。提交后，再次返回到“我的团队”，如图 4 – 2 所示。

团队管理——此功能仅提供于团长，其他团员只能查询管理结果！

团队成员组成结束	【组建完成】
创业计划书	【已提交审核，等待审核结果】

图 4 – 2　创业计划书提交审核

注：此时请耐心等待认证审核。认证可由各个院校的指导教师审核。

2. 认证审核

指导教师登录到“我的实习网”→点击“业务导航”下的“团队认证管理”，进入“团队认证管理”界面。

点击对应的团队编号可查看该团队的成员构成，查看创业计划书，点击“进行审核”进行具体的团队信息审核。

（1）团队审核通过后，该团队正式成立，便可进入模拟公司工商登记处理。

（2）若团队审核不通过，则该团队就恢复到临时团队状态，成员构成需要重新确认，创业计划书修改编制。

3. 团队分工

团队认证审核通过后的团队，需要进行团队分工，有了具体的分工便可以进行具体的工商登记业务的处理。

团队分工由队长进行操作，点击成员的姓名，进行权限的分配。

注：① 认证审核通过后，工商登记前请预先进行团队分工。

② 工商登记完毕后，企业运营前请预先进行团队运营分工。

线下实习设计：V 开始

课堂讨论：《创业计划书》的编制

创业计划是创业者叩响投资者大门的“敲门砖”。一份优秀的创业计划书往往会使创业者达到事半功倍的效果。

1. 创业计划书

创业计划书是创业者计划创立的业务的书面综合内容摘要。创业计划书用以描述与拟创办企业相关的内外部环境条件和要素特点，为业务的发展提供指示图和衡量业务进展情况的标准。

通常创业计划是市场营销、财务、生产、人力资源等职能计划的综合。

写好创业计划书要思考的问题：关注产品、敢于竞争、了解市场、表明行动的方针、展示你的管理队伍、出色的计划摘要。

2. 创业计划书的内容

一般来说，在创业计划书中应该包括创业的种类、资金规划及基金来源、资金总额的分配比例、阶段目标、财务预估、行销策略、可能风险评估、创业的动机、股东名册、预定员工人数等。具体内容一般包括以下十一个方面。

（1）封面。封面的设计要有审美观和艺术性。一个好的封面会使阅读者产生最初的好感，形成良好的第一印象。

（2）计划摘要。计划摘要是浓缩的创业计划书的精华。计划摘要涵盖了计划的要点，以求一目了然，以便读者能在最短的时间内评审计划并作出判断。

计划摘要一般包括以下内容：

① 公司介绍；管理者及其组织；主要产品和业务范围；市场概貌；营销策略；

② 销售计划；生产管理计划；财务计划；资金需求状况等。

③ 摘要要尽量简明、生动。特别要说明自身企业的不同之处以及企业获取成功的市场因素。

（3）企业介绍。这部分的目的不是描述整个计划，也不是提供另外一个概要，而是对你的公司作出介绍。因而重点是你的公司理念和如何制订公司的战略目标。

（4）行业分析。在行业分析中，应该正确评价所选行业的基本特点、竞争状况以及未来的发展趋势等内容。

关于行业分析的典型问题：

① 该行业发展程度如何？现在的发展动态如何？

② 创新和技术进步在该行业扮演着一个怎样的角色？

③ 该行业的总销售额有多少？总收入为多少？发展趋势怎样？

④ 价格趋向如何？

⑤ 经济发展对该行业的影响程度如何？政府是如何影响该行业的？

⑥ 是什么因素决定着它的发展？

⑦ 竞争的本质是什么？你将采取什么样的战略？

⑧ 进入该行业的障碍是什么？你将如何克服？该行业典型的回报率有多少？

（5）产品（服务）介绍。产品介绍应包括以下内容：

① 产品的概念、性能及特性；

② 主要产品介绍；

③ 产品的市场竞争力；

④ 产品的研究和开发过程；

⑤ 发展新产品的计划和成本分析；

⑥ 产品的市场前景预测；

⑦ 产品的品牌和专利等。

在产品（服务）介绍部分，企业家要对产品（服务）作出详细的说明，说明既要准确，也要通俗易懂，使不是专业人员的投资者也能明白。一般来说，产品介绍都要附上产品原型、照片或其他介绍。

（6）人员及组织结构。在企业的生产活动中，存在着人力资源管理、技术管理、财务管理、作业管理、产品管理等。而人力资源管理是其中很重要的一个环节。

因为社会发展到今天，人已经成为最宝贵的资源，这是由人的主动性和创造性决定的。企业要管理好这种资源，更是要遵循科学的原则和方法。

在创业计划书中，必须要对主要管理人员加以阐明，介绍他们所具有的能力，他们在本企业中的职务和责任，他们过去的详细经历及背景。此外，在这部分创业计划书中，还应对公司结构做一简要介绍。包括：公司的组织机构图；各部门的功能与责任；各部门的负责人及主要成员；公司的报酬体系；公司的股东名单。包括认股权、比例和特权；公司董事会成员；各位董事的背景资料等。

经验和过去的成功比学位更有说服力。如果你准备把一个特别重要的位置留给一个没有经验的人，你一定要给出充分的理由。

（7）市场预测。市场预测应包括：

① 产品需求预测；

② 预测市场现状综述；

③ 竞争厂商概览；

④ 目标顾客和目标市场；

⑤ 本企业产品的市场地位等。

（8）营销策略。对市场错误的认识是企业经营失败的最主要原因之一。在创业计划书中，营销策略应包括：

① 市场机构和营销渠道的选择；

② 营销队伍和管理；

③ 促销计划和广告策略；

④ 价格决策。

（9）制造计划。创业计划书中的生产制造计划应包括以下内容：

① 分析产品制造和技术设备现状；

② 明确新产品投产计划；

③ 满足技术提升和设备更新的要求；

④ 完善产品质量控制和质量改进计划。

（10）财务规划。财务规划一般要包括以下内容：

① 现金流量表；

② 资产负债表；

③ 损益表。

其中，重点是现金流量表、资产负债表以及损益表的关系。

流动资金是企业的生命线，因此企业在初创或扩张时，对流动资金需要预先有周详的计划和进行过程中的严格控制。

损益表反映的是企业的盈利状况。它是企业在一段时间运作后的经营结果的综合反映；资产负债表则是反映在某一时点上，企业的资产、负债、所有者权益的状况；投资者可以通过资产负债表中的数据，进行各项财务指标的计算与分析，通过得到的各种比率指标来衡量企业一定时期内的经营状况及预计投资回报率。

（11）风险与风险管理。市场经济的性质决定了企业经营的风险性。风险是客观存在的，企业要学会分析市场风险、评估风险的可控程度，对不可控风险的研判是企业经营决策中的难题。研判风险要从以下各方面分析：

① 你的公司在市场、竞争和技术方面都有哪些基本的风险？

② 你准备怎样应付这些风险？

③ 就你看来，你的公司还有一些什么样的附加机会？

④ 在你的资本基础上如何进行扩展？

⑤ 在最好和最坏的情形下，你的五年计划表现如何？

如果你的估计不那么准确，应该估计出你的误差范围到底有多大。如果可能的话，对你的关键性参数做最好和最坏的设定。

3. 创业计划书的编写步骤

准备创业方案是一个展望项目的未来前景、细致探索其中的合理思路、确认实施项目所需的各种必要资源、再寻求所需支持的过程。

需要注意的是，并非任何创业方案都要完全包括上述大纲中的内容。创业内容不同，相互之间差异也就很大。

第一阶段：经验学习。

第二阶段：创业构思。

第三阶段：市场调研。

第四阶段：方案起草。

第五阶段：方案实施。

首先，根据你的报告，把最主要的东西做成一个 1 ~ 2 页的摘要，放在前面。其次，检查一下，千万不要有错别字之类的错误，否则别人对你做事是否严谨会产生怀疑。最后，设计一个漂亮的封面，编写目录与页码，然后打印、装订成册。

第六阶段：检查。

可以从以下几个方面加以检查。

（1）你的创业计划书是否显示出你具有管理公司的经验。

（2）你的创业计划书是否显示你有能力偿还借款。

（3）你的创业计划书是否显示出你已进行过深入的市场分析。

（4）你的创业计划书是否容易被投资者所领会。创业计划书应该备有索引和目录，以便投资者可以较容易地查阅各章节。还应保证目录中的信息流具有逻辑性和现实性。

（5）你的创业计划书中是否有计划摘要并放在了最前面，计划摘要相当于公司创业计划书的封面，投资者首先会看它。为了保持投资者的兴趣，计划摘要应写得引人入胜。

（6）你的创业计划书是否在文法上全部正确。

（7）你的创业计划书能否打消投资者对产品（服务）的疑虑。

如果需要，你可以准备一件产品模型。

课堂讨论：《创业计划书》案例分析

【创业计划书范文】

一、市场分析

长期以来，国内居民因生活水平较低，对以“厨房”和“卫生间”为主要服务对象的小家电消费很少。据统计，目前国内城镇家庭小家电的拥有量只有三四种，而欧美国家这一统计数字高达37种。据统计，每年国内有至少260万住户搬入新居。随着人们生活水平提高，对“厨房”和“卫生间”的日益重视，小家电产品的加速普及与换代升级必将孵化出惊人的市场推动力，小家电的市场发展前景非常广阔。据专家预测，今后2~3年内，我国小家电行业将步入黄金发展阶段，市场需求量年增幅有可能突破30%。

对于浴室取暖用的小家电目前只有浴霸和暖风机两种。目前全国生产浴霸的企业为376家，2011年国内销量估计为400万台，2012年为550万台，2013年达到700万台，销售额超过10亿元。在城市居民家庭中，浴霸拥有率不到15%（2014年），国内消费者对浴霸认同度达82%，市场空间巨大。

浴霸在浴室取暖设备中占着绝对优势，其中，杭州奥普浴霸2014年销售额为2.6亿元，市场份额第一。目前生产浴霸和暖风机的厂家大都集中在浙江、广东一带，但其中小厂居多，多为仿制或OEM，自主研发能力不强。

我国长江流域地区，大多住宅没有暖气，冬季洗澡取暖一直是个大问题。虽然有浴霸和暖风机，但人们更期待一种简便、有效的取暖器具。根据调查，人们对浴霸产品的印象不错，市场潜力巨大。

比照浴霸和暖风机市场，本产品销售市场至少在5亿元以上。

我们完全可以借助专利技术优势，迅速占领浴室取暖设备市场，建立自己的品牌和销售网络。

（以上数据来源于《消费日报》、中国家用电器协会）

二、我们的目标

我们的目标是，在2016年制出样品进入市场，发展地市级以上代理商10~15家，销售额实现200万元以上，2017年达到500万元销售额，2018年达到2000万销售额，利润率保持在30%~50%。

三、资金使用

由于我公司生产的浴霸是新创产品，以前市场上从未有过，所以初期样品试制、模具开发等费用投入较大，在10万~15万元；

各种认证、许可证、商标等费用：预计5万元；

公司组建、购买相关办公用品、人员招募、公司网站等：预计10万元；

房租水电费、人员工资（半年）：预计15万元；

参加展会、广告费预计：10万元；

小批量生产成本（5000件）包括直接材料、直接人工费、制造费等：20万~25万元；

生产过程中周转资金预计：20万元。

预计生产费用总计：100万元。

四、产品成本及盈利分析

为节省费用，降低投资风险，先期的小批量生产以委外加工为主，暂不购买生产设备。本产品零部件构成主要包括：桶体、盖子、加热盘、漏电保护器、防干烧保护器、开关、蒸汽调解板、底座、密封圈等。生产成本预计：加热盘7~8元，漏电保护器12元，防干烧保护器1.5元，开关0.5元，其余为塑料件，价格15元。另外，产品外包装、接线螺丝、运费等，成本计划控制在40元以下。

批发价暂定为80元，每个毛利为40元，估计两年能收回投资并稍有盈利。

（以上数据是在对数家零配件经销商调查的基础上，参照近年来同类

产品市场价格变动指数预测得出的)

五、销售前景

目前市场上还没有同类产品，产品销售压力较小。建议利用各地电器批发商已有的销售网络进行代理销售。目前已与多个商家联系过，初步达成代理销售意向。

六、合作方案

本专利项目是非职务发明，专利权为个人所有。具体合作方式由双方协商议定。

七、原材料供应方案

可外协生产，无特殊要求。

八、本产品项目的市场预测

由于本产品制造简便，门槛不高，难免被人仿造。除了加强打假力度之外，不断升级产品也是拓展市场的必要手段。目前，已开发了两款样品，准备在2013年继续推出3～5款新品。随着产品的升级换代，我们有信心牢牢站稳市场。

拓展训练

实训　计划与决策能力的培养

实训目的

(1) 培养观察环境，分析界定问题的能力。

(2) 培养创新与科学决策能力。

(3) 培养科学运筹，配置资源、制订计划的能力。

实训组织

在教师的组织下，采用个人与集体相结合的形式进行实训。将学生分成若干小组，平时各小组进行分散性基础训练，在给定时间内，各小组以集中进行案例讨论的方式组织实训。

实训要求

(1) 通过实训，使学生能够正视所面临的问题，把科学分析环境与问题作为正确决策的前提，并能运用科学的世界观、科学的思维与科学的方法对环境和管理问题进行有效分析，得出正确结论。

(2) 通过实训，培养强烈的创新意识与创新精神，在筹划计划方案和做决策时要富有创意。

（3）通过实训，能运用创造性思维和逻辑思维，设计与制订工作方案，有较强的撰写策划书和计划方案的能力。

计划与决策能力的培养对于一个管理者来说非常重要。教师应该在学生模拟公司创建、运营过程中有意地增加项目及要求，使学生对其案例进行判断，从而在做判断的过程中培养学生的分析判断能力和逻辑思维能力，并在课下布置作业，让学生通过查阅书籍不断增加运作公司的经验、开阔学生的知识视野，增强学生的创业意识和自信心，最终培养学生的计划与决策能力。

项目 5　公司架构设计实训

目的与要求

通过本项目的学习，了解组织职能和组织工作的原则；了解部门划分的原则与方法；掌握组织结构设计的原则与方法；培养学员分析组织结构与职权的关系，制定组织规范的能力。

相关知识点

部门架构

组织架构

实习流程与环节

1. 公司类型、规模的设定

企业/公司类型在现实社会中有很多种。在“创业博弈实训”的虚拟社会中，公司类型分为三类：生产型公司、贸易型公司、服务型公司。

公司的规模是指公司的大小，与公司的注册资金有关。“创业博弈实训”中的“公司”规模跟社会现实中的实体公司相仿。所以在填写公司规模过程中，可以参考现实社会中的注册公司的相关规定。

2. 公司部门的设定

（1）部门划分概述。

企业不断发展壮大，职能会越来越多，分工会越来越细。当职能分工细化到一定程度的时候，一个层次的管理就不能满足管理的要求，这时必须把职能相近或者靠近的部门打包合在一起，在这些部门中挑选一个能力较强的人来管理。比如，市场开发、产品研发、产品制造、质量控制等各部门之间的协同合作，是保证生产有序进行、产品质量稳定、生产率高效的基础。各生产环节之间的协调、合作得最多。在管理上就要建立高效统一的指挥系统，实行主管负责制。

在组织设计方面，企业高层管理者需要反复考虑的内容是设置多少个管理部门；每个职能部门的职责权限是什么；应该建立几个管理层次；每一级的管理层次又起着什么样的作用。这种对管理层次和对部门的划分，以及各部门和岗位相应的职能职责、职权等问题，就是组织结构问题。为了加强企业的价值链管理，优化组织结构和业务流程，降低组织和经营成本，增强企业的竞争力，企业应该根据市场变化对企业管理的要求，定期或不定期微调组织机构，以适应市场变化对企业管理的要求。

（2）部门划分原则。

①最少部门原则。指组织结构中的部门力求量少而精简，这是以有效地实现组织目标为前提的。

②弹性原则。指划分部门应随业务的需要而增减。在一定时期划分的部门，没有永久性的概念，其增设和撤销应随业务工作而定。组织也可以设立临时部门或工作组来解决临时出现的问题。

③目标实现原则。指必要的职能均应具备，以确保目标的实现。当某一职能与两个以上部门有关联时，应将每一部门所负责的部分加以明确规定。

④指标均衡原则。指各部门职务的指标分派应达到平衡，避免忙闲不均、工作量分摊不均。

⑤管理职能分开原则。检查职务与业务部门分设。考核和检查业务部门的人员，不应隶属于受其检查评价的部门，这样就可以避免检查人员“偏心”，能够真正发挥检查职务的作用。

（3）部门划分需要考虑的因素。

① 系统性。在传统的金字塔形组织结构中，企业管理的特征是权力

集中。机构多、人员多、扯皮多、实际工作效率低下。计划经济体制形成了企业大部分职能管理部门，主要是国家职能管理机构的执行者。主要任务是政府主管部门的各种决定通过会议，文件、要求等布置下来，企业负责执行，并向上级提供有关报表，资料、信息、报告等。于是，形成了企业为上级主管行政部门服务的传统积习，在企业内部也是车间为科室服务，科室为厂部服务。

实施价值链管理要打破以往按职能划分的管理方式，通过业务流程重组，优化流程和精简组织结构，重新建立面向客户、面向市场、基于职能的主营业务流程和信息化管理系统。

② 经济性。价值链管理的精髓是贯穿企业成本最小化和效益最大化的核心理念。所以，企业管理必须考虑部门划分的经济性问题。设置任何一个部门，都需安排管理人员和业务人员及确定办公地点，以及必要的费用支出。如办公费、差旅费、电话费等。因此，在设置部门时，管理及办公费用等各项成本费用的支出是必须考虑的因素。

③ 可控制性。价值链管理要考虑到各个部门在整个业务流程中的相互制约关系。工作如何在不同岗位之间和部门之间的分配，这对实现有效地控制有着重要的影响。部门的划分，在很多情况下要考虑有助于控制的因素。比如某一作业如果成为另一项作业的控制点，如会计与出纳、生产与质检等。这类作业一般说来应该划分成不同的岗位。

有时由于工作量或技术上的问题，也可以把相同的业务划分成两个以上的能够单独运行的平行部门。如在分设有数条装配线的制造厂，由于部门彼此平行，业务相同，管理上更易制定标准，也更易对产出进行比较，也能起到加强控制的作用。

④ 协调性。减少部门接口或工作环节，也是价值链管理的基本原则之一。大公司按产品划分部门是一种典型的考虑协调关系的部门模式。有一些作业，虽然彼此性质不同，但由于相互间存在极其重要的协调关系，也不妨归在同一部门之内。比如，在一家百货公司，将某一类商品的采购和销售划归一个主管负责。这是因为这样的管理者最能了解这类顾客的需求，因而能够随时满足顾客的需要。

⑤ 服务与保证。划分部门时，还要考虑岗位之间或部门之间的服务或保证关系。传统观念是下级服从上级。现代企业在处理工作岗位或部门之间的关系时，应遵守工序服从原则，下道工序的管理者可以指挥上一道工序的管理者。

⑥ 专业化。划分部门时，要保证部门中的岗位尽可能地配备专业人员，相同的专业人员尽可能地集中在一个部门。这样可以在部门中更有效地行使某种管理职能，并使其符合“规模经济性”的原则。在实际业务流程中，需要具备某些特定的知识和技能。越是需要某种特定的知识和技能，在划分部门时，对这类知识和技能的考虑也必将更多、更深刻。

⑦ 人性因素。一个组织结构内部如果存在摩擦或互相推诿等现象，即使该组织拥有最好的人才，也会造成浪费。这种组织不可能留住和培养优秀的人才，也难以吸收高质量的新人进入这个组织。所以，在划分部门时，应在有关人性方面给予足够的考虑。营造和谐的人际环境是提高劳动生产率的无形资源。

⑧ 重视心理因素。实际上，任何一位部门管理者，无不希望自己的部门受到高层管理者的足够重视，自己能够直接向高层管理者报告工作。这种受到重视的心理需求绝不可以等同于一般性部门划分的原则，因为假定最高决策者要对任何部门和作业都不加区别地同等重视，那么他本来可以圆满完成的任务就会变成许多大大的事务而难以完成了。

但这种受到重视的心理需求，应该在划分部门时从另一个角度加以考虑。也就是说，要使每一个部门的管理者不但要考虑当前所应该受重视的程度，还要考虑到未来应该受到重视的程度；不但要考虑到局部的重视程度，还要考虑全局的重视程度；不但要考虑直接受到重视的程度，还要考虑到由于向某个重要部门提供优质服务而受到重视的程度，从而带来部门管理水平的提高。

3. 部门划分的方法

(1) 按人数划分。这是一种最简单的划分方法。即每个部门规定一定数量的人员，由主管人员指挥完成一定的任务。这种划分的特点是只考虑人力因素而不考虑其他因素。按人数划分的方法在企业基层组织部门的划分中使用较多。

(2) 按时间划分。这种方法经常用于基层组织划分。例如，许多工业企业按早、中、晚工作轮班制组织生产活动。企业中管理部门的工作制度设计也可以实行早、中、晚轮班制。这种方法适用于那些正常的工作日不能满足市场需求的企业。

(3) 按职能划分。这种方法是根据生产专业化原则以工作或任务的性质为基础来划分部门。这些部门被分为基本的职能部门和派生的职能部门。基本的职能部门处于组织机构的首要一级。当基本职能部门的主管人员感到管理幅度太大乃至影响到管理效率时，就可将本部门任务细分，从而建立派生的职能部门。这种划分方法的优点是遵循了分工和专业化原则，有利于充分调动和发挥企业员工的专业才能；有利于培养和训练专门人才，提高企业各部门的工作效率。其缺点是各职能部门容易从自身利益和需要出发，忽视与其他职能部门的配合及各部门横向间的协调。

（4）按产品划分。这种方法划分的部门是按产品或产品系列来组织业务活动。这样能发挥专业设备的效率，部门内部上下关系易协调；各部门主管人员将注意力集中在特定产品上，有利于产品的改进和生产效率的提高。但是这种方法易使产品部门的独立性比较强而整体性比较差，加重了主管部门在协调和控制方面的难度。

（5）按地区划分。相比较而言，这种方法更适合于分布地区较分散的企业。当一个企业在空间分布上涉及地域较广泛，并且各地区的政治、经济、文化、习俗等差异性较大并影响到企业的经营管理，这时就将某个地区或区域的业务工作集中起来，委派一位主管人员负责。这种方法的优点是：因地制宜，取得地方化经营的优势效益。其缺点是：需要更多的具有全面管理能力的人员，增加了最高层主管对各部门控制的困难，地区之间不易协调。

（6）按服务对象划分。这种方法多用于最高层主管部门以下的一级管理层次划分。部门划分的根据以服务对象的需要为原则，在分类的基础上再划分部门。例如，生产企业可划分为专门服务于家庭的部门、专门服务于企业的部门等。这种方法的优点是：提供服务针对性强，便于企业从满足各类对象的要求出发安排生产经营活动。其缺点是：按这种方法组织起来的部门，主管人员常常列举某些原因要求给予特殊照顾和优待，从而使这些部门和按照其他方法组织起来的部门之间的协调发生困难。

4. 公司岗位的确定

公司岗位的设立是根据公司的类型和规模来确定的，但是一个公司必须有三个层次的职位需要设置。一是决策层。包括经理、副经理等职务设置。二是管理层。包括各职能部门及部门中层管理岗位的设置，这一层次在企业组织架构中起上传下达的参谋作用。三是执行层，承担具体落实管理决策的职能。如一家生产型经营型企业就可以设定岗位，如图 5 - 1 所示。

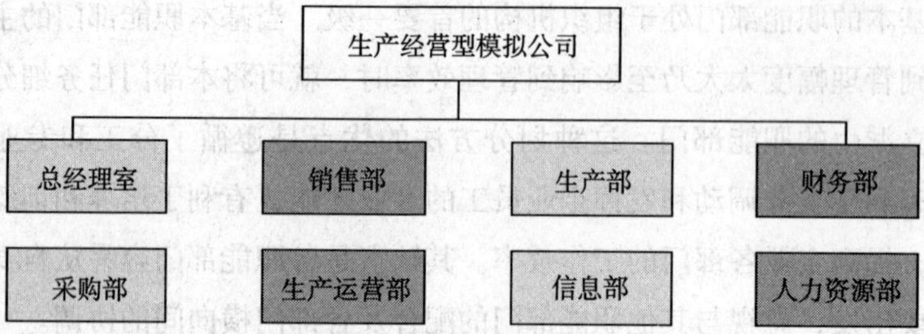

图 5－1

注：企业管理具体岗位的设置还需要与企业的规模、业务性质、产品与会场等因素有关。大规模企业的岗位设置要细一些，小规模企业职位设置相对精简些。

5. 公司管理制度的确定

制度管理是现代公司治理的有效方式，建立系统的公司管理制度需要按照以下框架编制：

（1）公司岗位责任制。

（2）公司考勤制度。

（3）公司员工业绩考核制度。

（4）公司工作例会制度。

（5）公司业绩考核制度。

（6）公司人事管理制度、

（7）公司财务管理制度。

（8）公司年终总结制度

操作范例

——公司管理制度范例

第一章　公司简介

1. 企业介绍

（略）

2. 公司机构

（略）

第二章 聘用规定

基本政策

公司员工在被聘用及晋升方面享有均等的机会；职位或补空缺职位时，本公司将在同等情况下首先考虑已聘用员工，然后再向外招聘；工作表现是本公司晋升员工的最主要依据。

入职手续

应聘者通过公司笔试、面试、背景审查和体格检查，并经确认合格后，可被公司聘为正式员工。新入司员工必须填写《公司员工登记表》一式二份并准备彩色一英寸照片 4 张；非本地户籍人员，入司七日内必须提供本地户籍人员担保书；

入司之日，必须提供区医院的健康证明，身体不合格者，不予录用；

部门经理在新员工入司之日应就《工作说明书》与新员工面谈；公司将组织新员工参加培训，以使新员工对公司概况有初步了解。

试用期

新员工被录用后，一律实行试用期。试用期为三个月，试用期间公司将对员工的表现及其对工作的适应程度进行考核。试用期薪资执行公司制度标准；试用期届满，经公司考核者，可转为正式员工，考核不合格者，公司予以辞退。正式员工薪资待遇按公司工资制度执行。

聘用的终止

试用期满后，公司或员工均可提出终止劳动合同，但应提前一个月（至少 22 个工作日）提交书面通知。若员工严重违反国家法律法规或违反公司的规章制度及劳动纪律，公司可不必提前通知员工与其解除劳动合同。

劳动合同

新员工在入司一个星期内，公司应与新入司员工签订劳动合同。公司与负有保密责任的员工要签订保密协议书及竞业限制条款，劳动关系双方应严格按规定执行。

离职手续

凡离职者（指主动离职）必须先填写离职申请书。员工离职应按公司规定移交所有属于公司的财产，经核准离职且办妥移交手续，方可正式离职。未办离职手续自行离职者，公司财产若有损失、遗失，离职员工应承担其损失金额中应承担的部分并从薪资中扣还。

个人资料

员工的个人档案资料包括：家庭住址、电话、婚姻及子女状况等，应及时提供给公司以建立个人信息档案。

业绩考评

公司推行严格的绩效考评制度，实行季度考核与年终考核。考核结果将作为员工晋升或提薪的重要依据。

第三章　员工福利

社会保险

员工一经正式录用，公司应按《劳动合同法》规定，为员工购买养老保险、医疗保险、工伤保险、失业保险 、女职工生育保险等，并按时足额按比例缴纳员工住房公积金等法定福利。

津贴与补贴

公司为员工提供各种津贴与补贴包括：夜班津贴、高温津贴、野外津贴、交通补贴等福利性补偿。

第四章　工作规范

行为准则

尽忠职守，服从领导，保守企业商业秘密；爱护公司财物，不浪费，不化公为私；遵守公司一切规章制度及工作守则；保持公司信誉，不做任何有损公司信誉的事情；

工作态度

员工应努力提高自己的工作技能，提高工作效率；热爱本职工作，对自己的工作职责负全责；员工之间应通力合作，互相配合，不得相互拆台或搬弄是非；

对本职工作应争取时效，不拖延，不积压；待人接物态度谦和，以争取公司同仁与客户的合作。

工作纪律

按规定时间上下班，不得无故迟到、早退；服从上级的工作安排，一经上级主管决定，应严格遵照执行；

奖励与惩罚

包括嘉奖，记功，记大功，调薪，晋升；警告，记过，记大过，工资降级降职，开除。

沟通与投诉

提案制度：员工可就有关公司经营管理方面提出建议，公司定于每月26日进行提案审查（具体方式见《公司提案制度》）。

接待制度：各部门负责人针对本部门员工的思想动态时时与员工进行沟通；

人力资源部负责人随时接待员工；每月30日为总经理接待日。

第五章　考勤制度

工作时间：公司员工实行每周工作五天（四十小时）工作制。周六、周日为正常休息时间。

考勤办法：公司员工一律实行早晨上班签到制。签到必须本人亲自执行，不得代签。在规定时间未签到者，视为迟到；超过31分钟，视为旷工。迟到、旷工者分别按公司制度予以处罚。

请假程序和办法：员工请假，需填写请假申请单，经部门经理审批后提交行政人事部。如假期超过三天的需经总经理批准，方可准假。

休假种类和假期待遇：

①病事假。员工因病请假，需提供区或市级医院证明。一月五天以内，扣发病假期间工资的50%；超过五日者，根据病假时间及工龄等情况，病假工资执行公司相关规定按比例发放。

②员工因事请假，必须先经部门主管批准，并按公司制度扣发工资。未经批准，擅自离岗者按旷工处理。

③丧假：在公司任职满一年的员工，若直系亲属去世，可以享有三天有薪（标准工资）丧假，直系亲属指父母、配偶、子女。

④年休假与探亲假：在公司任职满一年者，在次年的年度假内，可以享受七天有薪（标准工资）年休假，年休假可作探亲使用，探亲差旅费公司按职级支付相应比率。

⑤婚假：在公司任职满一年的员工，可以享受五天有薪（标准工资）婚假，婚假必须提前向主管申请并附上结婚证书复印件。

第六章　工资、津贴和奖金制度

工资和津贴。工资是员工基本劳动付出后得到的必要劳动报酬 。企业对员工的工资必须按时足额发放。工资的执行具有强制性；奖金是员工超额劳动的报酬，奖金额具有不确定性。

公司于每月规定日发给员工上一个月的工资和津贴，并按政府规定代扣个人所得税、社会统筹养老保险的个人缴纳部分。工资和津贴包括：工资、岗位技能津贴。公司将根据经济效益和员工的工作表现及绩效考核结果，于每年年初调整（增加或减少）员工的工资和津贴。公司在年度结算后，根据经济效益和员工在一年中的表现发放不同数额的奖金，用以激励员工士气。

第七章　员工的发展

1. 在职培训

为提高每个员工的工作效率和工作效果，公司鼓励每个员工参加与公司业务有关的培训课程，并建立培训记录。这些记录将作为对员工的工作能力评估的一部分。公司在安排员工接受公司出资的培训时，可根据劳动合同与员工签订培训协议，约定服务期等事项。培训能促进员工技能的提高，有利于员工发展。

2. 内部竞聘

竞聘是职场竞争的一种形式，是多个人竞争某一个岗位。内部竞聘是指从参与岗位竞聘的众多本企业内的竞聘者中，根据岗位任职资格要求等条件，从众多应聘的内部员工中选拔合格人选的过程。

3. 晋升机会

公司的政策和惯例是尽可能地从公司内部提拔晋升最优秀的员工，以接替空缺岗位人员并承担更大的责任。员工的晋升，主要取决于员工个人的努力和为企业作出的贡献程度。

第八章　附言

本手册属内部资料，请注意妥善保存。如若不慎遗失，请及时向行政部申报，补领并补交相应的工本费。

员工在离职时，请将此手册主动交还行政部。

本手册制定的主要依据是根据《中华人民共和国劳动合同法》《公司法》等相关法律法规的规定。本手册条款亦构成劳动合同的一部分。对本手册内容，如有不甚详尽或有感到疑惑之处，请随时向行政部咨询，以确保理解无误。

本手册如需修正，公司将向员工提供最新修正本，并回收旧手册以防混淆。

拓展训练

1. 组织与人事管理能力的培养

在教师的组织下，采用个人与集体相结合的形式进行实训。将学生分成若干小组，以各小组为单位分散进行团队基础训练，在给定时间内集中各小组进行案例讨论、情景模拟、无领导小组讨论、公文筐等多种方式的实训。培养分析组织结构与职权关系的能力，以及制定组织规范的能力；对人员进行聘任、培训、考核与奖酬的能力；人员组合与团队建设的能力。

2. 实训要求

（1）掌握组织结构设计的基本原理，使学生初步具有组织分析的能力，会运用部门划分的方法组建企业的基层单位或部门。

（2）树立现代人力资源管理理念、了解并掌握人力资源管理各模块的基本理论和基本操作技能，使受训者熟悉企业人员需求预测、人力资源规划编制、员工招聘与培训、基本技能的招聘环节、应聘技能与技巧。

（3）树立强烈的团队建设意识，较好地掌握人员组合、群体管理和团队建设的原理与要领，能正确分析所处群体的状况，把握其群体目标、群体规范、群体压力、群体凝聚力和群体士气，具备初步的团队建设的设计、实施能力。

3. 分部门场景实训

实习内容的确定、课时安排由教师根据教学内容来控制。以下为课堂讨论建议内容。

（1）举例说明什么是组织 。

（2）假如你是一名机构调整工作的负责人，在机构调整时你将遵循哪些基本的原则？

线下实习设计

学生规划能力的培养

在“模拟公司”规划训练的基础上，培养学生的个人职业生涯规划的能力。

个人职业生涯规划能力的培养，必须实事求是。准确的自我认识和自我评价是制订个人职业计划的前提。

职业规划方案必须切实可行。个人的职业目标一定要同自己的能力、个人特质及工作适应性相符合。一个学历不高又无专业特长的员工，却一心想进入管理层，在现代企业中显然不切实际。其次，个人职业目标和职业道路确定，要考虑到客观环境条件。例如，在一个论资排辈的企业里，刚毕业的大学生就不宜把担当重要管理工作确定为自己的短期职业目标。个人职业生涯规划能力的培养主要体现在以下几个方面。

(1) 树立正确的职业生涯发展信念。职业生涯发展的信念是事业成功的基本前提。没有发展向上的信念，事业的成功也就无从谈起。俗话说，“志不定，天下无可成之事”。立志是人生的起跑点，反映着一个人的理想、胸怀、情趣和价值观，影响着一个人的奋斗目标及成就的大小。所以，在制订职业生涯规划时，首先要确立人生志向，对期望人生取得更大发展，这是制订职业生涯规划的关键，也是你的职业生涯规划最重要的一点。

(2) 自我评估。自我评估的目的是认识自己，了解自己。因为只有认识了自己，才能对自己的职业作出正确的选择。所以，自我评估是职业生涯规划的最重要步骤之一。一般来说，自我评估包括自己的兴趣、特长、性格、学识、技能、智商以及组织管理能力、协调能力、组织活动能力等。

(3) 职业生涯机会的评估。职业生涯机会的评估主要是评估各种环境对自己职业生涯发展的影响，每一个人都处在一定的环境之中，离开了这个环境，便无法生存与成长。所以，在制订个人的职业生涯规划时，要分析环境条件的特点，环境的发展变化情况，自己与环境的关系，自己在这个环境中的地位、环境对自己提出的要求，以及环境对自己有利条件与不利条件等等。只有对这些环境因素充分了解，才能做到在复杂的环境中避害趋利，使你的生涯规划具有实际意义。

（4）职业方向定位。通过对自我评估及职业生涯机会评估，结合职业生涯发展愿望，可初步确立个人的职业发展方向。如具体的行业/领域，职位，希望发展的高度等。

（5）设定发展目标。职业生涯目标的设定是职业生涯规划的核心。一个人事业的成败，很大程度上取决于有无正确适当的目标。没有目标如同大海的孤舟，随波逐流，没有方向，不知道自己应走向何方。只有树立了目标，才能明确奋斗的方向，犹如海洋中的灯塔，引导你避开险礁暗石，走向成功。

通常职业生涯目标的确定包括：人生目标、长期目标、中期目标与短期目标。它们分别与人生规划、长期规划、中期规划和短期规划相对应。

（6）制订行动方案与实施计划。在确定了职业生涯目标后，行动变成了关键的环节。没有行动，就不能达成目标，也就谈不上事业的成功。这里所指的行动是指落实目标的具体措施。主要包括：工作、训练、教育、轮岗等方面的措施。例如，为达成目标，你通过什么样的通道来实现；在工作方面，你计划采取什么措施提高工作效率？在业务素质方面，你计划如何提高业务能力？在潜能开发方面，采取什么措施开发潜能？等等。这些都要有具体的计划与明确的措施，以便于定时检查。

（7）职业生涯评估与反馈。俗话说“计划赶不上变化”。影响生涯规划的诸多因素中，有的变化因素是可以预测的，而有的变化因素则难以预测。在此状况下，要使职业生涯规划行之有效，就必须不断地对其进行评估与修订。其修订的内容包括：职业的重新选择、职业生涯路线的选择、人生目标的修正、实施措施与计划的变更等。

学生管理能力的培养

自我管理，关键是时间管理，利用计划书、备忘录好好规划一下，严格按照计划来执行，贵在坚持。教师在模拟公司实训期间，应要求学生做好每日计划，并严格完成每日计划内容，从而培养学生的自我管理能力。

实习报告与考察

实习报告内容：部门规划小结。

考察内容：公司管理制度的编制。

第三篇

模拟公司注册登记

项目 6 工商注册实训

目的与要求

学生通过演练“模拟公司”的注册过程，了解公司注册过程中工商行政管理局注册阶段的全流程，使学生对企业注册有一个整体的了解，同时培养学生的自学与交往能力。

相关知识点

企业（公司）名称预先核准
《公司设立登记书》
《公司章程》

实习流程与环节

1. 企业（公司）名称预先核准

企业（公司）名称预先核准由发起人发起并签订设立协议，称为发起人协议，也称为设立协议、投资协议或股东协议书，目的是明确发起人在公司设立中的权利义务。

其主要内容包括：公司经营的宗旨、项目、范围和生产规模、注册资金、投资总额以及各方出资额、出资方式、公司的组织机构和经营管理、盈余的分配和风险分担的原则等。

首先是草拟章程，全体股东共同制定公司章程。章程内容应当包括：①公司名称和住所；②公司经营范围；③公司注册资本；④股东的姓名和住所；⑤股东的出资方式、出资额和出资时间；⑥公司的机构及其产生办法、职权、议事规则；⑦公司的法定代表人；⑧股东会议认为需要规定的其他事项。

首先，申请名称预先核准。有限责任公司名称应当由行政区划、字号、行业、组织形式依次组成，且需在名称中标明有限责任公司或有限公司字样。公司名称不得含有下列内容和文字：一是有损国家或社会利益的；二是可能给公众造成欺骗或者误解的；三是外国国家（地区）名称、国际组织名称；四是政党名称、党政机关名称、群众组织名称、社会团体名称以及部队番号；五是汉语拼音字母（外文名称中使用的除外）、数字；六是其他法律法规禁止使用的内容。此外，只有全国性公司、大型、进出口公司、大型企业集团等才可以使用“中国”“中华”“全国”“国际”等名称；只有私营企业、外商投资企业才可以使用投资者姓名作为商号；只有具有三个分支机构的公司才可以使用“总”字；分支机构的名称应冠以所属总公司的名称，并缀以分公司字样，同时标明分公司的行业名称和行政区划地名。

有限责任公司申请名称预先核准，应由全体股东指定的代表或共同委托的代理人向公司登记机关提出申请。提交下列文件：

（1）全体股东签署的公司名称预先核准申请书；

（2）股东的法人资格证明或身份证明；

（3）公司登记机关要求提交的其他文件。

（4）公司登记机关决定核准并发给的《企业名称预先核准通知书》。

2. 银行开立临时账户

在银行开立临时账户时，各地区各行业的规定不同。一般情况下，一个企业在同一个银行只能开一个临时存款账户，但由于临时账户本身的特殊性，必须咨询你的开户行。

（1）我国银行账户概述。在我国，银行存款账户可以分为基本存款账户、一般存款账户、临时存款账户和专用存款账户。首先，客户需要通过银行进行日常结算，因为我国规定，企业的经济往来，除了国家规定可以使用现金的情况外，都必须通过银行办理转账结算。而要办理转账结算，企业就必须在银行开立账户。基本存款账户就是存款人办理日常转账结算和现金收付的账户。在这个账户里，存有企业的主要资金，存款企业的工资、奖金等现金的支取只能通过此账户办理。一般情况下，存款企业只能在银行开立一个基本存款账户（除非法律、法规另有规定）。

但是，有时企业还需要从别的银行申请贷款，这时该银行为了保证贷款的归还以及银行的业务需要，就会要求该企业在贷款银行开立账户，将贷款放在该账户内使用。这样该贷款银行一方面可以通过对该账户的监督，注意企业的经济状况，必要时还可以通过对该账户进行抵销，来保障贷款的回收；另一方面，企业将贷款放在该银行的账上使用，也增加了该贷款银行的资金来源。这种便利是贷款银行绝对不会放弃的。所以，我国还容许企业在基本存款账户银行以外的银行借款转存，这种账户称为一般存款账户。

一般存款账户的余额不得超过企事业单位在该开户银行的贷款余额，对超过贷款余额的，开户银行应通知企事业单位在5日内划转基本存款账户，逾期未划转的，开户银行应主动将超过的部分划转基本存款账户。在该贷款清偿后，一般存款账户必须销户。另外，有些企业在外地还有一些附属的但又非独立核算的单位，它们也有资金的往来与收付，需要存入银行，但如果每次都必须存入总部的基本存款账户，是极不现实的。在这种情况下，我国也容许这种外地的附属单位在当地开立一般存款账户。对于一般存款账户，存款人可以办理转账结算和现金缴存，但不能办理现金支取。

有时，存款人有一些临时的经营活动需要单独计算资金往来的，或者在外地设立一个临时性质的机构，这时其需要在基本账户之外还有一个临时性的账户，这种账户的存在时间由银行与客户事先约定，也可以不约定，由客户在临时经营活动完成后或撤销临时机构时向银行申请撤销账户，银行在结清账户后应予以同意，办理销户手续。

（2）账户的开立和撤销。我国《银行账户管理办法》对于可以开立基本存款账户的存款人的规定虽然非常广泛，但仍然有些遗漏。例如，虽然规定了企业法人、企业法人的内部单独核算单位以及私营企业、个体经济户（一般法律、法规使用个体工商户这一概念）、承包户，但漏掉了非法人企业，如合伙、非法人集体企业，甚至中外合作企业也可以选择不进行法人登记，依此规定，这些企业、中外合作企业就只有以个人名义在银行开立人民币基本存款账户了。

首先，存款人可以自主选择开户银行，银行也可以自愿选择开立账户的存款人。对于银行之间发生的争执，由人民银行当地分行按下列原则进行协调或裁定：①未在银行取得借款的企事业单位，可以在银企性质接近、有利对口服务的银行或者银企距离较近、方便办理业务的银行开户；②企事业单位在一家银行取得借款的，应在其借款银行确定基本存款账户；③企事业单位在多家银行取得贷款的，应在借款余额最大的银行开立基本存款账户。

其次，客户一般只能在银行开立一个基本存款账户。存款人申请开立基本存款账户。我国现在实行由中国人民银行当地分行核发开户许可证制度。存款人应向中国人民银行当地分行申请开户许可证，然后还应向拟开户银行出具各种证明其身份的文件：企业或其内部独立核算单位应该出示当地工商行政管理机关核发的《企业法人执照》或《营业执照》的正本；机关、事业单位应当出示由中央或地方编制委员会、人事、民政等部门的批文；部队、武警单位必须出示军队军以上、武警总队财务部门的开户证明；对单位的附设机构，必须有单位同意其开户的证明；个人必须持居民身份证和户口簿等。

其他账户的开立也必须出示一些证明文件，主要用途在于对存款人的身份或开户用途的确认。

存款人开户的程序是：存款人应当填制开户申请书，提供上面所说的证件，送交盖有存款人印章的印鉴卡片，经银行审核同意后就可以开立账户了。但是，如果是开立基本存款账户，该存款人还应该凭中国人民银行当地分行核发的开户许可证才能开立账户。

既然客户在银行的开户是由银行在审核以后决定的，那客户撤销账户时，也必须与开户银行核对账户余额，经开户银行审查同意后，才能办理销户手续。在销户以后，应交回各种重要的空白凭证和开户许可证。此外，开户以后还应该对基本存款账户的撤销、一般存款账户、临时存款账户、专用存款账户的开立或撤销，在7日内向中国人民银行当地分行申报。

3. 填写《公司设立登记书》

公司设立的条件和法定程序如下。

（1）公司必须有发起人或出资人。发起人或出资人是设立公司活动的主体。“有限责任公司”出资人为2～50个股东共同出资设立；“股份有限公司”发起人应为5人以上且须有过半数人在中国境内有住所；国有企业改建为“股份有限公司”的，发起人可少于5人，但应采取募集方式成立。

（2）设立公司须达到法定资本最低限额。公司资本指公司注册资本。以生产经营或以商品批发为主的公司，注册资本为人民币50万元；以商业相关信息零售为主的公司注册资本为人民币30万元；科技开发、咨询、服务性公司的注册资本为人民币10万元；“股份有限公司”注册资本为500万元。

（3）公司章程订立。公司章程是关于公司组织及其活动的基本规章。对公司股东、董事、监事、经理等职位具有约束力。设立“有限责任公司”的，须由全体股东共同制定章程。

章程应说明的事项：公司名称与住所；公司经营范围；公司注册资本；股东姓名及名称；股东权利和义务；股东的出资方式或出资额；股东转让出资条件；公司机构及其产生办法、职权、议事、规则；公司法定负责人；公司解散事由与清算办法；股东认为需要规定其他事限。

章程由股东签名盖章。设立“股份有限公司”时，由发起人制定公司章程内容，除包括上述“有限责任公司”的内容外，还须有公司股份总数、每股金额、发起人姓名、认购股份数、利润分配办法、公司通知和公告方法等。

（4）公司名称及符合要求的组织机构。公司名称由四部分组成。即地名、字号、经营业务、法律性质。设立“有限责任公司”时，必须在名称上标明“有限责任公司”。

（5）有固定的生产经营场所和必要的生产经营条件。即有固定机器、厂房、设备、营业场所、经营内容等设施，这些是从事生产经营活动的必要条件。

4. 订立公司章程

公司章程是关于公司组织和行为的基本规范。公司章程不仅是公司自治的法规，而且是国家管理公司的重要依据。公司章程具有以下作用。

（1）公司章程是公司设立的最主要条件和最重要的文件。公司的设立程序以订立公司章程开始，以设立登记结束。我国《公司法》明确规定，订立公司章程是设立公司的条件之一。审批机关和登记机关要对公司章程进行审查，以决定是否给予批准或者给予登记。公司设立时没有公司章程的，不能获得批准也不能获得登记。

(2) 公司章程是确定公司权利、义务关系的基本法律文件。公司章程一经有关部门批准，并经公司登记机关核准，即对外产生法律效力。公司依公司章程，享有各项权利并承担各项义务；符合公司章程的行为受到国家法律的保护；违反章程的行为，相关部门有权对其进行干预和处罚。

(3) 公司章程是公司对外进行经营活动的基本依据。公司章程规定了公司的组织活动原则及其细则。包括：经营目的、财产状况、权利与义务关系等诸多规范公司经济行为的细则，这就为投资者、债权人或第三方与该公司进行经济交往活动提供了条件和资信依据。凡依公司章程而与公司进行经济交往的所有人，依法都可以得到有效的保护。

鉴于公司章程的上述作用，必须强化公司章程的法律效力。这不仅是公司活动本身的需要，而且也是市场经济健康发展的需要。公司章程与《公司法》一样，共同肩负调整公司活动的责任。

公司股东和发起人在制定公司章程时，必须考虑周全，规定得明确详细，不能做各种各样的理解。公司登记机关必须严格把关，使公司章程做到规范化。从国家管理的角度，对公司的设立进行监督和保证，以维护公司设立以后能够进行正常的经济活动。

1）有限责任公司章程由股东共同制定，经全体股东一致同意，由股东在公司章程上签名盖章。修改公司章程，必须经代表三分之二以上表决权的股东通过。

有限责任公司的章程，必须载明下列事项：

公司名称和住所；公司经营范围；公司注册资本；股东的姓名或名称；股东的权利和义务；股东的出资方式和出资额；股东转让出资的条件；公司机构的产生办法、职权、议事规则；公司的法定代表人；公司的解散事由与清算办法；股东认为需要规定的其他事项。

2）股份有限公司章程中应载明下列主要事项：

公司名称和住所；公司经营范围；公司设立方式；公司股份总数，每股金额和注册资本；发起人和姓名或者名称、认购的股份数；股东的权利和义务；董事会的组成、职权、任期和议事规则；公司的法定代表人；监事会的组成、职权、任期和议事规则；公司利润分配方法；公司的解散事由与清算办法；公司的通知和公告办法；股东大会认为需要规定的其他事项。

股份有限公司章程由发起人制定，经出席创立大会的认股人所持表决权的半数以上通过。修改公司章程，必须经出席股东大会的股东所持表决权的三分之二以上通过。

公司章程缺少上述必备事项或章程内容违背国家法律法规规定的，公司登记机关应要求申请人进行修改；申请人拒绝修改的，应驳回公司登记申请。

5. 资料提交审批

创建模拟公司提交的材料与真实公司是一样的，首先要看公司是什么性质的，是内资还是外资，有限责任公司人数的多少等。不同类型的公司对注册的要求都不同。

下面是内资公司和有限责任公司设立登记需要提交资料的清单：

（1）有限责任公司设立登记提交材料规范。

① 公司法定代表人签署的《公司设立登记申请书》；

② 全体股东签署的《指定代表或者共同委托代理人的证明》（股东为自然人的由本人签字；自然人以外的股东加盖公章）及指定代表或委托代理人的身份证复印件（本人签字）；应标明具体委托事项、被委托人的权限、委托期限等。

③ 全体股东签署的公司章程（股东为自然人的由本人签字；自然人以外的股东加盖公章）。

④ 股东的主体资格证明或者自然人身份证明复印件。股东为企业的，提交营业执照副本复印件；股东为事业法人的，提交事业法人登记证书复印件；股东人为社团法人的，提交社团法人登记证复印件；股东为民办非企业单位的，提交民办非企业单位证书复印件；股东为自然人的，提交身份证复印件。

⑤ 依法设立的验资机构出具的验资证明。

⑥ 股东首次出资是非货币财产的，提交已办理财产权转移手续的证明文件。

⑦ 董事、监事和经理的任职文件及身份证明复印件。依据《公司法》和公司章程的规定和程序，提交股东会决议、董事会决议或其他相关材料。股东会决议由股东签署（股东为自然人的由本人签字；自然人以外的股东加盖公章），董事会决议由董事长签字。

⑧ 法定代表人任职文件及身份证明复印件。根据《公司法》和公司章程的规定和程序，提交股东会决议、董事会决议或其他相关材料。股东会决议由股东签署（股东为自然人的由本人签字；自然人以外的股东加

盖公章），董事会决议由董事签字。

⑨住所使用证明；自有房产提交产权证复印件。借给（无偿提供）他人使用房屋为经营场所，提交产权方的证明及产权证复印件；租赁市场作为经营场所，提交租赁合同及出租方的营业执照和市场登记证复印件；以租赁使用房屋为经营场所的，应当依照当地有关规定提交经区、县级市房地产租赁管理所登记备案的房屋租赁合同。

⑩《企业名称预先核准通知书》。法律、行政法规和国务院决定规定设立有限责任公司必须报经批准的，提交有关的批准文件或者许可证书复印件；

公司申请登记的经营范围中有法律、行政法规和国务院决定规定必须在登记前报经批准的项目，提交有关的批准文件或者许可证书复印件或许可证明。

注：依照《公司法》《公司登记管理条例》设立的除一人有限责任公司和国有独资公司以外的有限责任公司申请设立登记适用本规范。

以上各项未注明提交复印件的，应当提交原件。

提交的复印件均需持原件到登记部门核对，不能提交原件的（身份证、计生证、许可证等除外），应当注明“与原件一致”并由股东加盖公章或签字。

（2）一人有限责任公司设立登记提交材料规范。

第一，公司法定代表人签署的《公司设立登记申请书》。

第二，股东签署的《指定代表或者共同委托代理人的证明》（股东为自然人的由本人签字，法人股东加盖公章）及指定代表或委托代理人的身份证复印件（本人签字）；应标明具体委托事项、被委托人的权限、委托期限。

第三，股东签署的公司章程（股东为自然人的由本人签字，法人股东加盖公章）。

第四，股东的法人资格证明或者自然人身份证明；股东为企业法人的，提交营业执照副本复印件；股东为事业法人的，提交事业法人登记证复印件；股东人为社团法人的，提交社团法人登记证复印件；股东是民办非企业单位的，提交民办非企业单位证复印件；股东是自然人的，提交身份证复印件。

第五，依法设立的验资机构出具的验资证明；

第六，股东首次出资是非货币财产的，提交已办理财产权转移手续的证明文件。

第七，董事、监事和经理的任职文件及身份证明复印件。

依据《公司法》和公司章程的规定与程序，提交股东签署的书面决定（股东为自然人的由本人签字，法人股东加盖公章）、董事会决议（由董事签字）或其他相关材料。

第八，法定代表人任职文件及身份证明复印件。

依据《公司法》和公司章程的规定和程序，提交股东签署的书面决定（股东为自然人的由本人签字，法人股东加盖公章）、董事会决议（由董事签字）或其他相关材料。

第九，住所使用证明。

自有房产提交产权证复印件；借给（无偿提供）他人使用房屋为经营场所，提交产权方的证明及产权证复印件；租赁市场作为经营场所，提交租赁合同及出租方的营业执照和市场登记证复印件；以租赁使用房屋为经营场所的，应当依照当地有关规定提交经区、县级市房地产租赁管理所登记备案的房屋租赁合同。

第十，《企业名称预先核准通知书》。

第十一，法律、行政法规和国务院决定规定设立一人有限责任公司必须报经批准的，提交有关的批准文件或者许可证书复印件。

第十二，公司申请登记的经营范围中有法律、行政法规和国务院决定规定必须在登记前报经批准的项目，提交有关的批准文件或者许可证书复印件或许可证明。

注：依照《公司法》《公司登记管理条例》设立的一人有限责任公司申请设立登记适用本规范。

以上各项未注明提交复印件的，应当提交原件。

提交的复印件均需持原件到登记部门核对，不能提交原件的（身份证、计生证、许可证等除外），应当注明“与原件一致”并由股东加盖公章或签字。

以上需股东签署确认。股东为自然人的，由本人签字；自然人以外的股东加盖公章。

操作范例

前提：认证审核通过的创业团队，并且具有相关的分工。

1. 如何进入“工商管理局”

用户登录后，可以通过如下几种方式进入“工商管理局”。

（1）进入“我的门户”→进入“我的团队资料”→根据提示点击“请去工商局”。

（2）进入“政务平台”→点击“工商局”。

（3）进入“我的门户”→点击“业务导航”下的“工商局”。

进入“工商管理局”后，出现如图 6－1 所示的界面。

图 6－1 “工商行政管理局”界面

如图 6－1 所示，左侧的“办事指南”下的各项内容提供给用户进行具体的申请编制，右侧的“相关业务查询”可查询到具体的业务处理审核状况。

2. 工商行政管理局业务办理流程

工商登记共分为如下几个大的步骤进行处理：

步骤一：企业（公司）名称预先核准。

步骤二：验资（其中验资过程又分为：去银行临时开户并存入资本的货币部分—＞银行开立银行询征函—＞会计师事务所出具“验资报告”。）

注：银行询征函由“实习网”管理员开设，“验资报告”由学校指导教师开立，请学生告知指导教师相关的企业名称及核准号。

步骤三：填写《公司设立登记申请书》。

步骤四：订立公司章程。

步骤五：资料提交工商行政管理局。

以下针对各个步骤逐一进行叙述。

3. **企业（公司）名称预先核准**

每个企业只能新申请一次，如果是第一次申请，则点击“确定”后，如果已经填写过此预名称核准申请书，则不能再次申请。

名称（变更）预先核准申请书如图 6 –2 所示。

图 6 –2　名称（变更）预先核准申请书封面

此申请书连封面共 5 页，由申请企业用户来填写。填写的时候要多参考注意事项说明，有助于用户进行正确填写。

第 1 页：投资人授权委托意见。按注意事项填写各项后点击“保存”按钮即自动跳转到第 2 页的填写。

第 2 页：名称（变更）预先核准申请表。

“申请名称”由企业策划创建阶段—创意管理—公司名称制定得来，而且这里不能修改，备选字号，即备选企业名称，也是由企业策划创建阶段—创意管理—公司名称制定得来，且不得删除和修改。除了调用的备选字号外，可以再进行增加，增加部分支持修改和删除。

注册资本也是由企业策划创建阶段—创意管理—项目开发的投资金额得来。不得修改。

其他项填写完成后，点击“保存”进入到第 3 页的填写。

第 3 页：名称（变更）预先核准申请表。这里进行投资人的添加。点击“保存”进入到第 4 页。

第 4 页：一次性告知记录。点击“保存”即完成。提示如下信息：“恭喜您！成功递交申请书，请等待工商行政管理局审批！”

注：企业名称预先核准申请书填写完毕后，交由工商管理局（实习

网管理员）来审批。申请用户必须牢记登记编号，用于核准通知书查询和申请表的修改。

如果忘记了登记编号，则进入“工商管理局”，点击“相关业务查询”便可获知，如图6-3所示。

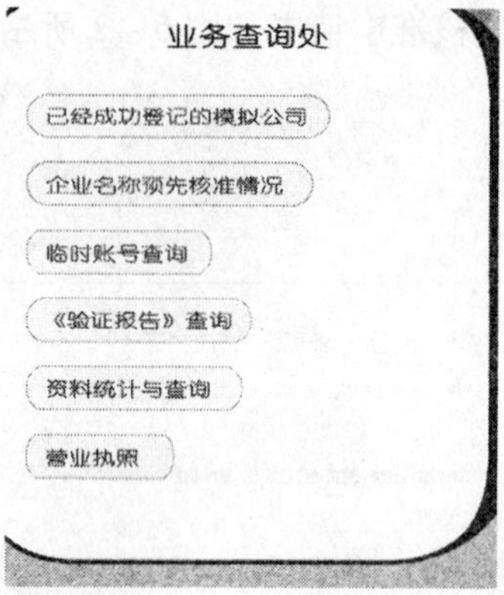

图6-3　忘记了登记编号

若连申请企业的名称都忘记了，可以直接点击“企业（公司）名称预先核准”，系统提示抱歉后，将转入相应界面。

银行开立临时账户，开具银行询证函，会计事务所出具验资报告（具体步骤详见银行业务实训）

4. 填写《公司设立登记书》

前提：公司已经通过了预名称核准。

此申请书共15页，由申请企业来填写1~12页，用户具体填写要求见每页详细内容，并要求认真阅读每页下方的填写注意事项。13~15页可以按页码进行查看，第15页也提供“填写提交”，以完成整个《企业设立登记申请书》的提交。

5. 订立《公司章程》

前提：公司已经通过了预名称核准。

《公司章程》共设13页，由申请企业自行填写，最终“提交总表”即完成。

6. 资料提交至工商管理局审批

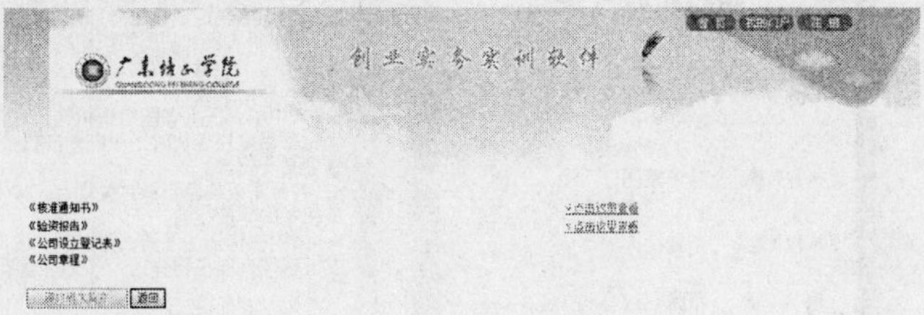

图6－4

如图6－4所示，系统提供用户查看资料功能，企业用户在提交工商管理局之前，可自行将资料检查一遍，以免返工，点击“［这里查看……］”即可进行资料查看。

7. 工商行政管理局审批

此操作由教师进行操作审批。

点击“审批”，则进行资料查看，系统自动审核资料，如资料齐全，则点击“审批通过”。下一步则是颁发两证——《营业执照》和《组织机构代码证》；如资料不齐全，系统提示“审批不通过”，则需要用户重新填写后再提交。

营业执照样本如图6－5所示：

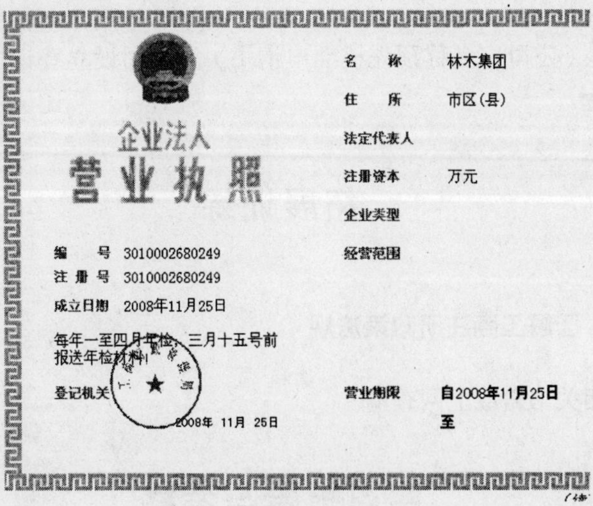

图6－5　营业执照样本

组织机构代码证样本如图6－6所示：

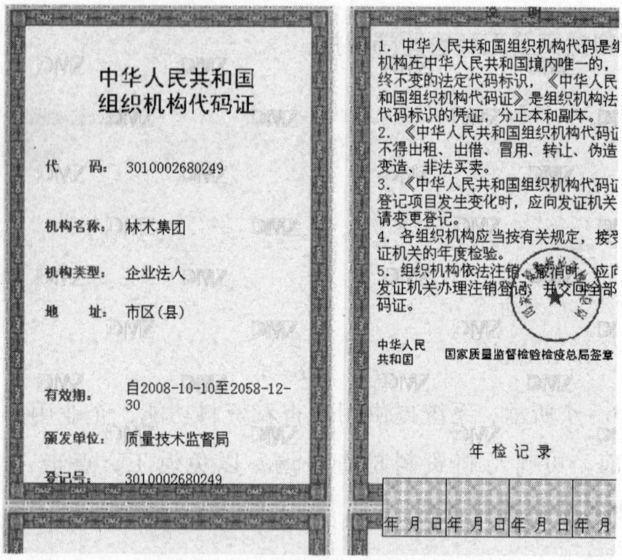

中华人民共和国
组织机构代码证

代　　码：3010002680249

机构名称：林木集团

机构类型：企业法人

地　　址：市区(县)

有效期：自2008-10-10至2058-12-30

颁发单位：质量技术监督局

登记号：3010002680249

说　明

1. 中华人民共和国组织机构代码是组织机构在中华人民共和国境内唯一的，终不变的法定代码标识，《中华人民和国组织机构代码证》是组织机构法代码标识的凭证，分正本和副本。
2. 《中华人民共和国组织机构代码证不得出租、出借、冒用、转让、伪造变造、非法买卖。
3. 《中华人民共和国组织机构代码证登记项目发生变化时，应向发证机关请变更登记。
4. 各组织机构应当按有关规定，接受证机关的年度检验。
5. 组织机构依法注销、撤销时，应向发证机关办理注销登记，并交回全部码证。

中华人民共和国　国家质量监督检验检疫总局签章

年 检 记 录

年 月 日	年 月 日	年 月 日	年 月

图 6－6　组织机构代码证样本

工商审批完成后，该模拟公司就成立了。

注：若该模拟公司想要正常运作，还需要去税务局进行税务登记。

线下实习设计

课堂讨论：

《企业（公司）名称预先核准申请书》《公司设立登记书》《公司章程》的编写

拓展训练

实训　了解工商注册政策法规

查阅相关书籍或上网查询。

实习报告与考察

实习报告内容：注册“模拟公司”心得。

考察内容：成功审批到《营业执照》《组织机构代码证》。

项目 7　银行业务实训

目的与要求

通过本项目的实训，让学生了解创建公司注册过程中，怎样去银行办理相关业务，怎样到商业银行进行贷款的相关流程，从而培养学生的独立做事的能力及银行业务知识的增长。

相关知识点

临时账户

贷款

征询函

会计师事务所验资

实习流程与环节

1. 银行开立临时账户

工商行政管理局项目已经说得很详细，这里不再重复（略）。

2. 银行管理开具银行征询函

银行征询函是验资用的，是会计事务所出具的证明，在“创业博弈实训”上的操作具体步骤详见 6.4 操作范例。

3. 银行贷款业务

现实社会中银行贷款流程如下：

借款单位必须具备的几项基本条件：

（1）须经国家工商行政管理部门批准设立，登记注册，持有营业执照；

（2）实行独立经济核算，自主经营、自负盈亏。即企业有独立从事生产、商品流通和其他经营活动的权力，有独立的经营资金、独立的财务计划与会计报表，依靠本身的收入来补偿支出，独立地计划盈亏，独立对外签订购销合同；

（3）有一定的自有资金；

（4）遵守政策法令和银行信贷、结算管理制度，并按规定在银行开立基本账户和一般存款账户；

（5）产品有市场；

（6）生产经营要有效益；

（7）不挤占挪用信贷资金；

（8）恪守信用等十余项内容。

还应符合下列条件：

（1）有按期还本付息的能力，即原应付贷款本金及利息已偿还，没有偿还的已经做了银行认可的偿还计划；

（2）经工商行政管理部门办理了年检手续；

（3）资产负债率符合银行的要求等等。

申请贷款情况说明书：

要求填写两份，加盖公司公章，提供法人的人名章以及法人委托他全权办理贷款手续的委托书，企业法人的概况。

借款申请表：

填写并按照所需提交书面文件的细目准备材料：

（1）法定发证机关办理的年审合格的本企业贷款证。

（2）贷款申请报告。报告载明了下列内容：企业的基本情况，包括注册资金、企业性质、隶属关系、办公地点、联系电话、联系人、主营业务及企业介绍；企业法人概况，包括姓名、性别、文化程度、专业职称、曾经从事的职业及职务、有何业绩等；详细写清借款金额、用途、期限、还款途径及担保形式，以及附上项目可行性报告、购销合同等；企业财务情况，包括货币资金、存货量、负债总额、所有者权益合计、总资产、本期净利润以及最近一年累计利润总额。

（3）财务报表。包括两方面内容：上年度的资产负债表、损益表和财务状况变动表；本期的资产负债表和损益表。

（4）有关证件、证明（借款人、担保人均须提交）。这些证明包括：营业执照的副本及其复印件；法人身份证及其复印件；如有其他人代替法人签字，还需提交本人身份证复印件及法人授权委托书（授权书需有法人亲笔签字并加盖公章）。

（5）保证贷款需提交的资料。即保证单位的营业执照副本及复印件；保证单位的财务报表，包括上年度的资产负债表、损益表和财务状况变动表，本期的资产负债表和损益表；保证单位同意保证的证明书，需加盖公章。

（6）抵、质押担保贷款需提交的资料。如：抵押、质押物的详细目录和产权或所有权证明；抵押物和动产质押物价值证明；抵押物和动产质押物经银行指定中介机构出具的评估报告；权利质押物鉴定书；登记机关办理登记的证明文件和证书，等等。

等待银行受理、审批：

一般情况下，银行自受理之日起，会按照法定的答复期限（短期贷款20个工作日，中、长期贷款130个工作日）为银行信贷部门审议贷款时间。

4. 会计事务所验资

依照《公司法》规定，公司的注册资本必须经法定的验资机构出具验资证明，验资机构出具的验资证明是表明公司注册资本数额的合法证明，依照国家有关法律、行政法规的规定，能够出具验资证明的法定验资机构是会计师事务所和审计事务所。有国有资产参股的公司，国有资产产权登记证不再作为公司登记的前置条件。

《公司法》规定，有限责任公司注册资本不得少于下列最低限额。

（1）以生产经营为主的有限责任公司的注册资本不得低于人民币50万元。

（2）以商品批发为主的有限责任公司的注册资本不得低于人民币50万元。

（3）以商业零售为主的有限责任公司的注册资本不得低于人民币30

万元。

（4）科技开发、咨询、服务性有限责任公司注册资本不得低于人民币10万元。

操作范例

1. 去银行开立临时账户

前提：企业预名称核准已经通过。

点击“去银行开立临时账户”，出现如图7－1所示界面

图7－1　申请临时账号

输入核准号及企业名称，点击“申请”，则可申请临时账号了。

申请完毕后，请耐心等待实习网管理员审核，并签发银行询征函。

规则：根据团队的初始创业基金，银行会对基金放大1000倍，作为该公司的资金。

2. 银行管理开具银行询证函

此操作由实习网管理员进行。

银行管理员根据你存入的金额及预名称核准注册资本（金）申报的情况，开立《银行询征函》。具体的开具方法如下：

（1）登录网上银行管理，进入银行账户管理页面，搜索到你要处理的那个临时账户，点击“临时账户”。如图7－2所示：

（2）点击“［开具银行询征函］”。“银行询征函”样本如图7－3所示。

注：如果您企业在银行缴入的资金情况达不到注册资本（金），则银行不给开立询征函。

银行询证函开具完毕后，会计事务所可以开具验资报告。

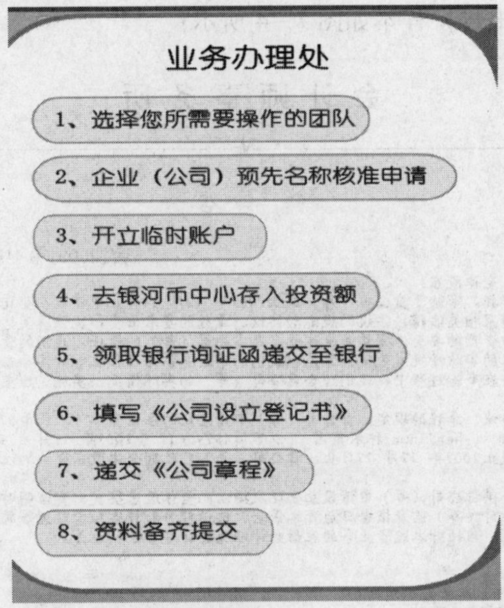

图 7－2

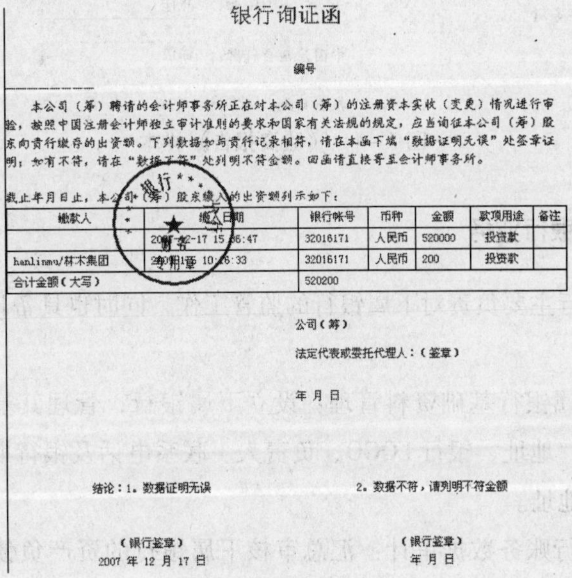

银行询证函

编号

本公司（筹）聘请的会计师事务所正在对本公司（筹）的注册资本实收（变更）情况进行审验，按照中国注册会计师独立审计准则的要求和国家有关法规的规定，应当询征本公司（筹）股东向贵行缴存的出资额。下列数据如与贵行记录相符，请在本函下端“数据证明无误”处签章证明；如有不符，请在“数据不符”处列明不符金额。回函请直接寄至会计师事务所。

截止年月日止，本公司（筹）股东缴入的出资额列示如下：

缴款人	缴入日期	银行帐号	币种	金额	款项用途	备注
	20[illegible]-[illegible]2-17 15 [illegible]6:47	32016171	人民币	520000	投资款	
hanlinmu/林木集团	[illegible] 10:[illegible]6:33	32016171	人民币	200	投资款	
合计金额（大写）		520200				

公司（筹）

法定代表或委托代理人：（签章）

年 月 日

结论：1. 数据证明无误　　　2. 数据不符，请列明不符金额

（银行签章）
2007 年 12 月 17 日

（银行签章）
年 月 日

图 7－3

3. 会计事务所出具验资报告

此操作由指导教师进行。

注：请将公司名称及预名称核准号发给指导教师。

（1）用户出示银行询证函；

（2）根据企业名称及预名称核准号出示《银行询证函》方可开立验

资报告。《验资报告》样本如图 7－4 所示：

会 计 师 事 务 所

★

验 资 报 告

会[2009]第 1119 号

林木集团（筹）全体股东：

我们接受委托，审验了贵公司（筹）截止2007年 12月 17日止申请设立登记的注册资本实收情况。按照国家相关法律、法规的规定和协议、章程的要求出资，提供真实、合法、完整的验资资料，保护资产的安全、完整是全体股东及贵公司（筹）的责任。我们的责任是对贵公司（筹）注册资本的实收情况发表审验意见。我们的审验是依据《独立审计实务公告第1号——验资》进行的。在审验过程中，我们结合贵公司（筹）的实际情况，实施了检查等必要的审验程序。

根据有关协议、章程的规定，贵公司（筹）申请登记的注册资本为人民币52万元，由（以下简称甲方）、、hanlinmu/林木集团（以下简称乙方）于2007年 12月 17日之前缴足。经我们审验，截止2007年 12月 17日止，贵公司（筹）已收到全体股东缴纳的注册资本合计人民币52万元。

本验资报告供贵公司（筹）申请设立登记及据以向全体股东签发出资证明时使用，不应将其视为是对贵公司（筹）验资报告日后资本保全、偿债能力和持续经营能力等的保证。因使用不当造成的后果，与执行本验资业务的注册会计师及会计师事务所无关。

附件：1. 注册资本实收情况明细表
2. 验资事项说明

会计师 事务所　　主 任 会 计 师：张佳

地址：　　中国注册会计师：徐俊

电话：　　报告日期：2009 年 1 月 7 日

图 7－4　《验资报告》样本

4. 中央银行业务

中央银行主要负责对下属银行的监管工作，同时也具备日常银行的一些常用职能。

（1）下属银行基础资料管理：设立下属银行，管理其基础资料，包括银行名称、地址、银行 LOGO、负责人、联系电话及银行期初资金，银行支付网关地址。

（2）银行账务数据审计：汇总审核下属银行的资产负债表，现金流量表。

（3）银行利率：设定每年度的存贷款利率。

（4）公司监控：要求下属银行定期更新所属银行“模拟公司”的账户余额信息。

（5）常规银行具备功能：开户、转账、充值（暂不对模拟公司开放）、账务查询。

5. 下属银行开设

用户进入“中央银行”→点击“开设银行申请”，出现如图 7－5 所示界面。

图 7－5

各项均填写完毕，提交后，等待管理员进行审核，审核通过后，可用所设立的操作用户及密码登录到“实习网”，进行具体的业务操作。

6. 下属银行贷款业务

用户登录进入“中央银行”→点击“我要贷款”，出现如图 7－6 所示界面。

图 7－6

填写完各项资料，点击“申请贷款”提交，审核后贷款发放，并开始累计贷款利息。

用户贷款成功后，到期银行会提醒还款，若逾期，则中央银行会发

“催”单给下属银行。下属银行到期可点击“确定还款”进行还款操作，如图 7 – 7 所示。

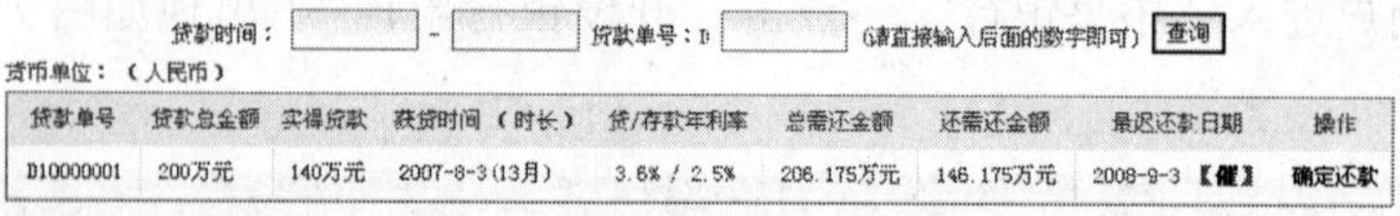

贷款时间：[ ] - [ ] 贷款单号：D [ ] (请直接输入后面的数字即可) 查询

货币单位：（人民币）

贷款单号	贷款总金额	实得贷款	获贷时间（时长）	贷/存款年利率	总需还金额	还需还金额	最迟还款日期	操作
D10000001	200万元	140万元	2007-8-3(13月)	3.6% / 2.5%	206.175万元	146.175万元	2008-9-3 【催】	确定还款

图 7 – 7

7. 上报金融报表

下属银行定期需提交“月度收入明细上报”及“月度成本费用明细上报”。点击打开相关报表，填写好各项信息，点击提交，报表将提交到中央银行后台，作为下属银行运营的评估依据。

8. 储户余额更新

下属银行定期需如实更新“模拟公司”储户的账户余额信息。

线下实习设计

银行业务场景模拟

模拟银行场景，教师提出要求，学员按照要求完成银行业务场景实训。

拓展训练

实训　了解银行业务相关知识

请查阅以下书籍：

《会计基础》《银行会计学》这是与前台业务有关的基础知识。

《金融学》《银行金融学》这是银行经营的理论基础。

实习报告与考察

实习报告内容：银行业务心得。

考察内容：了解会计事务所验资流程，得到《验资报告》。

项目 8　税务登记实训

目的与要求

通过创建及运营“模拟公司”中的税务实训，让学生了解税务登记、纳税申报、税金缴纳、报税查询的全过程，从而使学生对税务登记有一个整体的了解及实际的运用。

相关知识点

税务登记流程
各种税务的区别

实习流程与环节

1. 税务登记

根据税务登记管理办法，国家税务总局令第 7 号：

关于设立登记：

第十条　企业在外地设立的分支机构和从事生产、经营的场所，个体工商户和从事生产、经营的事业单位（以下统称从事生产、经营的纳税人），需向生产、经营所在地税务机关申报办理税务登记：

（一）从事生产、经营的纳税人领取工商营业执照（含临时工商营业执照）的，应当自领取工商营业执照之日起 30 日内申报办理税务登记，税务机关核发税务登记证及副本（纳税人领取临时工商营业执照的，税务机关核发临时税务登记证及副本）；

（二）从事生产、经营的纳税人未办理工商营业执照但经有关部门批准设立的，应当自有关部门批准设立之日起30日内申报办理税务登记，税务机关核发税务登记证及副本；

（三）从事生产、经营的纳税人未办理工商营业执照也未经有关部门批准设立的，应当自纳税义务发生之日起30日内申报办理税务登记，税务机关核发临时税务登记证及副本；

（四）有独立的生产经营权、在财务上独立核算并定期向发包人或者出租人上交承包费或租金的承包承租人，应当自承包承租合同签订之日起30日内，向其承包承租业务发生地税务机关申报办理税务登记，税务机关核发临时税务登记证及副本；

（五）从事生产、经营的纳税人外出经营，自其在同一县（市）实际经营或提供劳务之日起，在连续的12个月内累计超过180天的，应当自期满之日起30日内，向生产、经营所在地税务机关申报办理税务登记，税务机关核发临时税务登记证及副本；

（六）境外企业在中国境内承包建筑、安装、装配、勘探工程和提供劳务的，应当自项目合同或协议签订之日起30日内，向项目所在地税务机关申报办理税务登记，税务机关核发临时税务登记证及副本。

第十一条　本办法第十条规定以外的其他纳税人，除国家机关、个人和无固定生产、经营场所的流动性农村小商贩外，均应当自纳税义务发生之日起30日内，向纳税义务发生地税务机关申报办理税务登记，税务机关核发税务登记证及副本。

2. 纳税申报

（1）什么是纳税申报？

纳税申报是指纳税人、扣缴义务人等为了履行纳税义务，就纳税事项向税务机关出具书面申报的一种法定手续。

（2）纳税申报的对象。

下列纳税人或者扣缴义务人、代征人应当按期向国家税务主管机构办理纳税申报或者代扣代缴、代收代缴税款报告、委托代征税款报告。

第一，依法向国家税务机关办理税务登记的纳税人。包括：各项收入均应当纳税的纳税人；全部或部分产品、项目或者税种享受减税、免税照顾的纳税人；当期营业额未达起征点或没有营业收入的纳税人；实行定期定额纳税的纳税人；应当向国家税务机关缴纳企业所得税以及其他税种的纳税人。

第二，按规定不需向国家税务机关办理税务登记，以及应当办理而未办理税务登记的纳税人。

第三，扣缴义务人和国家税务机关确定的委托代征人。

3. 纳税申报的期限

（1）各税种的申报期限：

① 缴纳增值税、消费税的纳税人，以 1 个月为一期纳税的，于期满后 10 日内申报；以 1 天、3 天、5 天、10 天、15 天为一期纳税的，自期满之日起 5 日内预缴税款，于次月 1 日起 10 日内申报并结算上月应纳税款。

② 缴纳企业所得税的纳税人应当在月份或者季度终了后 15 日内，向其所在地主管国家税务机关办理预缴所得税申报；内资企业在年度终了后 45 日内、外商投资企业和外国企业在年度终了后 4 个月内向其所在地主管国家税务机关办理所得税申报。

③ 其他税种，税法已明确规定纳税申报期限的，按税法规定的期限申报。

④ 税法未明确规定纳税申报期限的，按主管国家税务机关根据具体情况确定的期限申报。

（2）申报期限的顺延。纳税人办理纳税申报的期限最后一日，如遇公休、节假日的，可以顺延。

（3）延期办理纳税申报。纳税人、扣缴义务人、代征人按照规定的期限办理纳税申报或者报送代扣代缴、代收代缴税款报告表、委托代征税款报告表确有困难需要延期的，应当在规定的申报期限内向主管国家税务机关提出书面延期申请，经主管国家税务机关核准，在核准的期限内办理。纳税人、扣缴义务人、代征人因不可抗力情形，不能按期办理纳税申报或者报送代扣代缴、代收代缴税款或委托代征税款报告的，可以延期办理。但是，应当在不可抗力情形消除后立即向主管国家税务机关报告。

4. 纳税申报的方式

（1）上门申报。纳税人、扣缴义务人、代征人应当在纳税申报期限内到主管国家税务机关办理纳税申报、代扣代缴、代收代缴税款或委托代征税款报告。

（2）邮寄申报。纳税人到主管国家税务机关办理纳税申报有困难的，经主管国家税务机关批准，也可以采取邮寄申报，以邮出地的邮戳日期为实际申报日期。

（3）电传申报。实行自核自缴，且有电传条件的纳税人，经主管国家税务机关批准，可以采取电传申报。

5. 纳税申报的要求

（1）上门申报。纳税人、扣缴义务人、代征人应当在纳税申报期限内到主管国家税务机关办理纳税申报、代扣代缴、代收代缴税款或委托代征税款报告。

（2）邮寄申报。纳税人到主管国家税务机关办理纳税申报有困难的，经主管国家税务机关批准，也可以采取邮寄申报，以邮出地的邮戳日期为实际申报日期。

（3）电传申报。实行自核自缴，且有电传条件的纳税人，经主管国家税务机关批准，可以采取电传申报。

6. 税金的含义与目的

国家和地方自治体的大部分工作都以各种形式与我们的日常生活紧密相关。国家负责外交、社会基础设施整备、经济政策等与整个国家相关的工作。另外，地方自治体负责福利、教育、保健卫生、警察、消防等以生活环境为中心、与各区域紧密相关的工作。

我们则以“税金”的形式负担着以上各项工作的所需费用。换句话说，其性质实际上是一种我们为了能过安全、丰富多彩的生活而支付的会费。

税金可以分很多种，其中与我们最密切相关的税金就是居民税和所得税。

居民税（地方税）和所得税（国税）都是针对个人收入所征收的税金，在收入金额认定等方面具有很多相同之处。另外，它们也有不同 之处，比如说所得税是针对本年度的收入征收的税金，居民税是在下一年度针对前一年的收入征收的税金，而且它们的税率也是不同的。

税金，常见税法术语。即纳税人按规定缴纳的消费税、营业税、城乡维护建设税、资源税、土地增值税、教育费附加等，均可视同税金。

7. 报税查询

现实社会税务业务必须到税务部门去查询。“创业博弈实训”课上的税务查询详见“操作范例”。

操作范例

1. 税务局业务处理

（1）税务登记。

前提：“模拟公司”工商登记审核通过，已经获得了“营业执照”及“组织机构代码证”（见图8－1）。

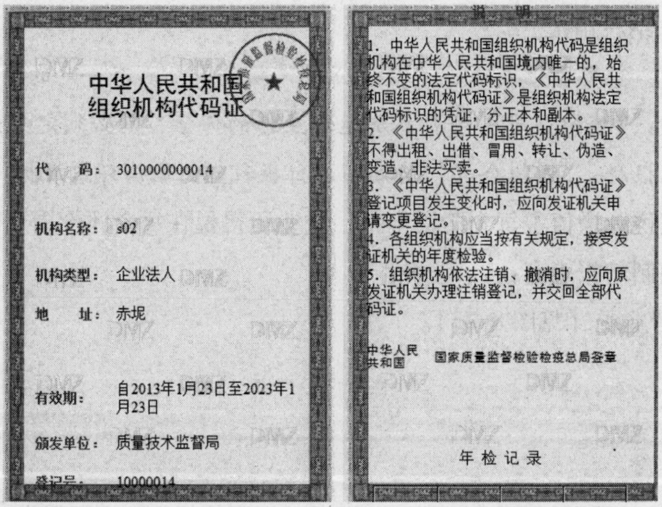
中华人民共和国
组织机构代码证

代　　码：3010000000014

机构名称：s02

机构类型：企业法人

地　　址：赤坭

有效期：自2013年1月23日至2023年1月23日

颁发单位：质量技术监督局

登记号：10000014

说　明

1. 中华人民共和国组织机构代码是组织机构在中华人民共和国境内唯一的，始终不变的法定代码标识，《中华人民共和国组织机构代码证》是组织机构法定代码标识的凭证，分正本和副本。
2. 《中华人民共和国组织机构代码证》不得出租、出借、冒用、转让、伪造、变造、非法买卖。
3. 《中华人民共和国组织机构代码证》登记项目发生变化时，应向发证机关申请变更登记。
4. 各组织机构应当按有关规定，接受发证机关的年度检验。
5. 组织机构依法注销、撤消时，应向原发证机关办理注销登记，并交回全部代码证。

中华人民共和国　国家质量监督检验检疫总局签章

年 检 记 录

图8－1

登录实习网→点击“我的门户”→查看“我的团队分工”→点击“税务局”。

税务登记申请书共13页，由申请企业用户来填写（其中有一部分需要税务机关审批后填写），填写各页后，最终在第13页“提交税务机关”即完成。

税务登记申请书填写完毕后，交由税务局（实习网管理操作）来审批：

税务局审批通过后，获得税务登记证。

税务登记证副本，如图 8 - 2 所示：

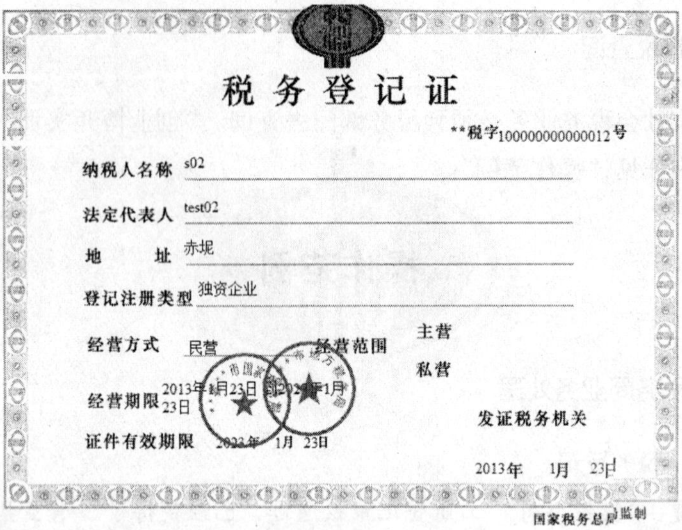

税 务 登 记 证

**税字100000000000012号

纳税人名称 s02

法定代表人 test02

地 址 赤坭

登记注册类型 独资企业

经营方式 民营 经营范围 主营 私营

经营期限 2013年1月23日至2023年1月23日

证件有效期限 2023年 1月 23日

发证税务机关

2013年 1月 23日

国家税务总局监制

图 8 - 2

(2) 纳税申报。

前提：税务登记成功的“模拟公司”操作人员具有一定的财务基础。

注意：“模拟公司”想要参加运作业绩的评估，则必须定期到税务局进行企业报税，“模拟公司”长期不进行报税的，取消评价资格。

营业税及增值税每个阶段申报，企业所得税在每个评价周期前申报。

要编制的报表有：

① 营业税（见图 8 - 3）。

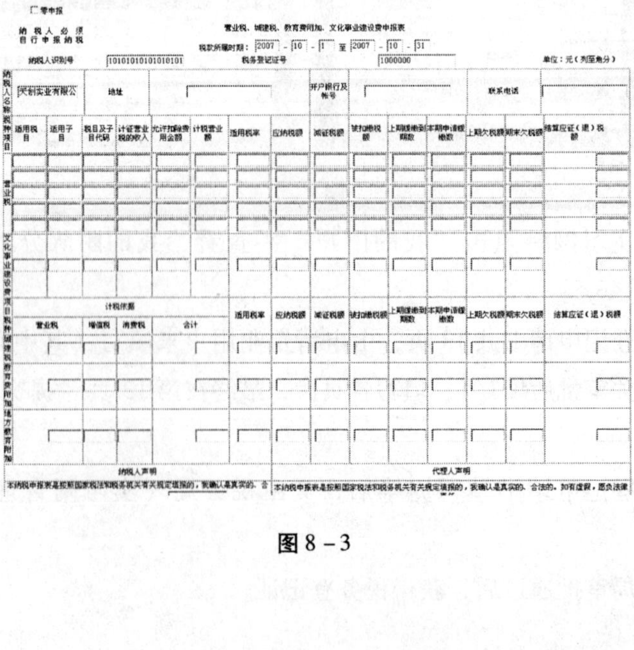

图 8 - 3

② 企业所得税：

✓ 企业所得税年度纳税申报表
✓ 销售（营业）收入及其他收入明细表
✓ 企业单位项目收入明细表
✓ 成本费用明细表
✓ 支出项目明细表
✓ 投资所得（损失）明细表
✓ 纳税调整增加项目明细表
✓ 纳税调整减少项目明细表
✓ 税前弥补亏损明细表
✓ 免税所得及减免税明细表
✓ 捐赠支出明细表
✓ 境外所得税抵扣计算明细表
✓ 广告费支出明细表
✓ 工资薪金和工会经费等三项经费明细表
✓ 资产折旧、摊销明细表
✓ 坏账损失明细表
✓ 呆账准备计提明细表
✓ 保险准备金提转差纳税调整表

以上各项报表编制完毕后，请点击“提交企业所得税所有报表”

一旦提交，则不允许再修改各种报表。

③增值税。

注：各项报表需认真填写，一旦提交，将不允许再修改。建议先在网下编制好后再到税务局进行申报。报表提交后，请等待税务局（实习网管理）审核。

2. 税金缴纳

前提：进行纳税申报，且税务局已经审核过，则需进行税金缴纳。

用户登录后进入税务局→点击“税金缴纳”。

网站列出了三大税需要缴纳的金额，点击后便可直接进行缴纳。

线下实习设计

1. 税务登记单据填写

(1) 现金收付。

① 收现。

根据会计岗开具的收据（销售会计开具的发票）收款→检查收据开具的金额正确与否、大小写一致、有经手人签名→在收据（发票）上签字并加盖财务结算章→将收据第②联（或发票联）给交款人→凭记账联登记现金流水账→登记票据传递登记本→将记账联连同票据登记本传递给相应岗位签收制证、工资及固定资产岗（水电费、代收款项）。

管理费用岗（其他应收款）。

销售核算岗（货款）。

成本核算岗（加工费、材料款）。

注：

a. 原则上只有收到现金才能开具收据。在收到银行存款或下账时需开具收据的，核实收据上已写有“转账”字样，后加盖“转账”图章和财务结算章，并登记票据传递登记本后传给相应会计岗位。

b. 随工资发放时，代收代扣的款项由工资及固定资产岗开具收据，可以没有交款人签字。

② 付现。

A. 费用报销。

审核各会计岗传来的现金付款凭证金额与原始凭证一致→检查并督促领款人签名→据记账凭证金额付款→在原始凭证上加盖“现金付讫”图章→登记现金流水账→将记账凭证及时传主管岗复核。

B. 人工费、福利费发放。

凭人力资源部开具的支出证明单付款（包括车间工资差额、需以现金形式发放的兑现、奖金等款项）→在支出证明单上加盖“现金付讫”图章→登记现金流水账→登记票据传递登记本→将支出证明单连同票据传递登记本传工资福利岗签收制证。

③ 现金存取及保管。

每天上午按用款计划开具现金支票（或凭建行存折）提取现金→安

全妥善保管现金、准确支付现金→及时盘点现金→下午3：30视库存现金余额送存银行。

注：

a. 下午下班后，现金库存应在限额内。

b. 从银行提取现金以及将现金送存银行时都需通知保安人员随从，注意保密，确保资金安全。

④ 管理现金日记账，做到日清月结，并及时与微机账核对余额。

（2）银行存款收付。

① 银收。

收货款整理销售会计传来支票、汇票→核查和补填进账单→上午上班时交主管岗背书→送交司机进账及取回单→整理从银行拿回的回款单据→将第一联与回执粘贴在一起→在微机中编制回款登记表并共享→打印→将回款登记表连同回款单传销售会计。

其他项目收款：

收到除货款以外项目的支票、汇票→填写进账单→进账→回单→登记票据传递登记本→相关岗位。

贷款：

收到银行贷款上账回单→登记票据传递登记本→传管理费用岗位。

② 银付。

A. 日常性业务款项：

根据付款审批单（计划内费用经相关岗位审核，计划内10万元以上或计划外费用经财务部长或财务总监审核）审核调节表中有无该部门前期未报账款项→开具支票（汇票、电汇）→登记支票使用登记本→将支票、汇票存根粘贴到付款审批单上（无存根的注明支票号及银行名称）→加盖“转账”图章→登记单据传递登记本→传相关岗位制证→材料核算岗（材料采购）→成本核算岗（外协加工、车间质保费用）→管理费用岗（管理部门用款）→销售费用岗（销售部门用款）→工资福利岗（工资兑现、福利）→及固定资产岗（GMP部门费用、固定资产购建）。

注意事项：

开出的支票应填写完整，禁止签发空白金额、空白收款单位的支票；开出的支票（汇票、电汇）收款单位名称应与合同、发票一致；有前期未报账款项的个人及所在部门，一律不办理付款业务。

B. 打卡工资：

根据工资岗位开具的付款审批单（经财务部长签字）开具支票→填写进账单→连同工资盘交司机送公司指定的银行→登记支票使用登记本→将支票存根粘贴到付款审批单上→加盖“转账”图章→登记单据传递登记本→工资福利岗。

注意事项：

每月根据工资发放时间提前两天将工资所需款调入公司指定的银行。

打卡工资的支票须于工资发放日前1天连同工资盘送达银行。

C. 业务员兑现：

凭销售会计传来的付款审批单（经财务部长签字）开具支票→填写进账单→交司机送银行倒进账→登记支票使用登记本→将支票存根粘贴到付款审批单上→加盖“转账”图章→登记单据传递登记本→工资福利岗。

D. 还贷及银行结算：

收到银行贷款还款凭证及手续费结算凭证→登记单据传递登记本→传管理费用岗。

E. 交税：

完税：收到税务岗位传来的税票（附付款审批单）→填写划款行银行账号及进单。

进税卡：凭税务岗填写的付款审批→开具支票→填写进账单 →交司机送银行进账→凭回单及支票存根登记支票使用登记本→传税务岗位编制凭证。

从税卡交税：收到税务岗传来的完税票和税卡划款凭条→登记支票使用登记本→传税务岗位编制凭证。

F. 编制银行调节表：

及时将各银行对账单交内审岗编制银行调节表，对调节表上挂账及时进行清理和查询，责成相关岗位进行下账处理。

2. 余额统计

根据银行收付情况统计各银行资金余额，随时掌握各银行存款余额，避免空头。

3. 熟练掌握公司各银行户头

包括：单位名称、开户银行名称、银行账号。

4. 工作要求

（1）熟悉公司各类财务管理制度。

（2）了解财务部各岗位工作内容，做好与各岗位的衔接工作。

（3）准确收付现金，妥善保管现金及有价证券，保证资金安全。

（4）坚持每天盘点现金，及时核对现金日记账，做到日清月结。

（5）随时掌握各银行户头余额，禁止签发空头支票。

（6）树立良好的窗口形象。

拓展训练

实训：课下了解《税务登记管理办法》（略）

实习报告与考察

实习报告内容：纳税心得。

考察内容：成功审批到《税务登记证》。

第四篇

模拟公司运营管理

项目 9　运营交易实训

目的与要求

通过本项目的实训，培养学生实施有效管理的基本能力和经营业务与决策的能力，运营围绕着对技能的学习和使用而展开。帮助参与者思考、操作。通过一个完整的运营过程，让学员在虚拟的商务环境中体验运营，学会管理的技巧。

相关知识点

电子商务交易

议价技巧

仲裁流程

实习流程与环节

1. “会员包厢”注册

“创业博弈实训”课中的会员包厢是指学生交易的操作平台。首先要在这个平台进行注册，注册流程详见本项目“操作范例”。

2. “会员包厢”业务操作

详见本项目“操作范例”（略）。

3. 商品的选择

详见本项目“操作范例”（略）。

4. 采购技巧

采购是指通过交换获取物料和服务的购买行为。为保证企业经营活动在合适的时间、地点、价格获取质量、数量合适的资源，采购员必须具备成本意识与价值分析能力、预测能力、表达能力、良好的人际沟通与协调能力及专业知识；同时还要有合理的采购计划，遵守5R原则，一是适价（Right Price）；二是适质（Right Quality）；三是适时（Right Time）；四是适量（Right Quantity）；五是适地（Right Place）。选择合适的供应商并加以管理。在不影响企业正常生产的前提下，降低采购成本。

采购员须承担的责任是采购计划与需求确认、供应商选择与管理、采购数量控制、采购品质控制、采购价格控制、交货期控制、采购成本控制、采购合同管理、采购记录管理。

采购流程主要包括：收集信息，询价，比价、议价，评估，索样，决定，请购，订购，协调与沟通，催交，进货检收，整理付款。

在采购过程中采购员要合理降低采购成本，就必须事先制订合理的采购计划，查询当前市场行情，掌握影响成本的因素和事件。同时要咨询多家合格厂商的报价，运用议价技巧，预判底价或预算。事后选择价格适当的厂商签订合约，利用好数量或现金折扣优惠。

其次是供应商的选择。寻找供应商时，利用现有的资料以公开征求的方式，通过同业介绍，阅读专业刊物、咨询协会或采购专业顾问公司，参加产品展示会。

供应商一般分为原材料供应商、小额服务性供应商、临时性供应商等。

选择合格供应商的标准是：要看这个企业是否有优秀的领导人、高素质的管理人员、稳定的员工群体、良好的机器设备、良好的技术、良好的管理制度等。在此基础上对供应商进行分析，包括：价格、品质、服务、位置、存货政策、柔性是否合理等多种因素。在保证5R的前提下，能提供技术支持和市场行情，能共同承担风险。这样才能选择到好的供应商。

5. 订货交易

具体操作流程详见“操作规范”。

6. “模拟公司”仲裁流程

“模拟公司”运作过程中，如果出现欺诈等行为，“模拟公司”成员可以向“创业博弈实训”或指导教师投诉。投诉的具体流程详见“操作范例”。

操作范例

1. 交易平台

注：“模拟公司”登记完毕后，则该“模拟公司”的各个小组成员均可以到交易平台去组织相关的采购及销售活动。队长可指定某队员主要负责进行监督。

(1) 交易平台导航介绍。

交易平台是模拟公司创建成立后进行商品交易的中心。登录到该平台的“模拟公司”可发布自己的供求信息及产品信息，对产品购买及销售进行组织管理，如图9－1所示。

图9－1

搜索栏：点击相应的“供应”“采购”等，并在下方文本框输入想要查询的信息，点击“搜索”便能查询到相关的信息。若什么都不输入，则默认为该分类的所有信息。

我要采购：点击后，能查询到所有的供应信息，可以在此处下订单，买所需要的商品。

我要销售：点击后，能查询到所有的求购信息，可以选择合适的买家来推销商品。

会员包厢：进入后能对会员的商品信息、公司信息、商铺信息及销售采购等信息进行维护。

行业资讯：提供了一个商务资讯平台。

论坛：点击后能在其中创建自己的圈子，查看我的圈子。

（2）会员包厢业务。

用户在实习网登录后，点击“交易中心”→进入“会员包厢”。“会员包厢”业务详细内容如图 9－2 所示：

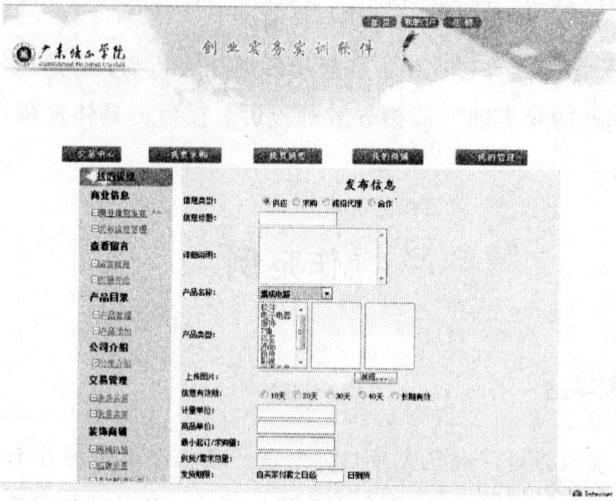

图 9－2

① 发布供求信息：

商业信息：可发布管理商业信息。前台可在供应或者求购信息里查看到所发布的信息。

产品目录：会员可以发布自己的产品信息。

公司介绍：会员可对自己的公司资料进行详细的编辑。

② 查看商业往来：

留言：“站内信息”可查看、管理你给别人的留言及别人给你的留言信息；“交易评论”针对某次交易进行评论的信息；“我的问题”是有问题给网站管理员发的信息。

提问：交易过程中或在网站上有什么需要管理员帮助的地方可提问留言。

③ 会员资料：

修改联系资料：可查看联系资料进行个别的修改。

修改密码。

成为 VIP 会员：点击“想预交会员费”，交费后，网站管理员审核完毕成为 VIP 会员，享受 VIP 会员各项服务。

企业证书管理：可上传企业证书信息，网站管理员审核通过后，该企业的信用额度将有所提高。

④ 交易管理：

我是买家：跟踪作为买家的订单信息。

我是卖家：跟踪作为卖家的订单信息。

⑤ 装饰店铺：该功能仅对 VIP 会员开放。

⑥ 社区：暂不开放。

(3) 交易流程。

买家：搜索查看供应信息→订货→（双方可磋商价格）会员包厢内确认订单→付款→评价→结束该订单→完成。

卖家：（双方可磋商价格）会员包厢内确认→付货→评价→结束该订单→完成。

(4) 评价及仲裁。

前提：“模拟公司”已经创建成功。

2. 评价体系

要求：由队长操作，队员进行协助，需要一定的财务基础。

(1) “模拟公司”经营业绩评价。

需要上传如下两大报表，且在评价周期前确定“模拟公司”均已进行过报税及纳税操作。

① 上传“资产负债表”。

② 上报“现金流量表”。

报表提交后，由评价机构（实习网管理）组织相关的评价委员会对评价资料进行审核，最终根据“经营业绩”及“综合实力”出具排行榜。

注：对于业绩比较好的公司，评价机构会奖励“模拟公司”一定的银河币。

(2) 岗位评优。

填写岗位评优申请→选择相关的评优成员→“提交该成员评优所需资料”→“确认如上名单，提交”。

若中途有人员的变动，在确定名单提交之前，可选择具体的成员，点击“取消所选成员的评优申请”。

岗位评优申请提交后，由评价机构（实习网管理）组织相关的评价委员会对评价资料进行审核，最终确定出优秀成员名单，并在网站进行公布。

（3）投标方案评优。

评价委员会在已有的中标方案中定期选出比较优秀的方案，公布于网站，作为样板，给其他公司予参考。

3. 仲裁

（1）申请仲裁。

在“模拟公司”的运作过程中，若双方出现纠纷，便可到仲裁处申请仲裁。用户登录后，进入“评价与仲裁”→点击“申请仲裁”，如图9－3所示：

（各项均需仔细填写，证明文件请上传 DOC 文件，且不要大于200K。）

图9－3

仲裁申请提交后，可在“我的仲裁申请”中进行跟踪。收到仲裁申请的用户，则可在“我收到的仲裁申请”中进行跟踪操作。

（2）仲裁处理流程。

仲裁机构收到仲裁申请后，首先确定是否受理，确定受理→通知双方已经受理→申请方需要缴纳受理费用→被申请方提交仲裁答辩书→双方协调→协调失败，仲裁机构组织仲裁委员会进行仲裁裁决→通知双方裁决结果→申请方缴纳处理费→完毕。

线下实习设计

1. 控制与信息处理能力培养

拓展训练

在教师的指导下，采用个人与集体相结合的形式进行实训。将学生分为若干个小组，以平时各小组进行分散基础训练，在给定时间内集中各小组进行案例讨论的方式组织实训。培养学生对工作有效控制的能力，收集与信息处理的能力，总结与评价的能力。

训练目的

（1）理解控制机制与管理控制的基本类型，正确分析和把握实际控制系统，能结合实际运用现代控制方法，特别是能够参与目标管理的设计与运作。

（2）掌握信息管理的基本要领，能正确分析组织信息管理存在的问题和弊端，能够根据组织信息管理状况，提出改进和完善管理信息系统的建议。

（3）能根据管理目标的要求，采用科学的方法收集相关信息，能科学整理与处理材料，撰写总结报告。

2. 职能管理能力的培养

（1）能够把握企业功能及构成，能识别现实企业的基本类型，准确理解现代企业制度的内涵，能分析说明公司治理结构与机制，有能力参与企业的改革工作。

（2）会按照市场细分的要求收集有关信息，能进行简单的市场调研与分析，能结合实际正确地运用目标市场选择策略和目标市场，具备市场营销策划和实施的初步能力。

（3）理解与把握基本的生产过程，能参与对生产过程的组织，了解生产作业计划的制订情况，掌握生产作业的制定要领，会制定简单的生产作业计划，能参与生产控制工作。

3. 网络冲浪

对经济管理专业学生而言，互联网是一种特殊的接触实际的窗口。根据教学进度需要，引导学生登录有关网站，了解现实企业状况，收集最新信息，学习最新管理知识，思考与分析现实管理问题。

4. 管理基础能力培养

训练要求

在教师的指导下，可以以小组为单位，也可以全班集中进行，要求每一个学生都必须公开宣讲，并做详细记录。

训练目的

（1）培养学生在众人面前敢于讲话的能力，克服心理障碍，增强自信和勇气。

（2）使学生结合实际，加深对管理系统的感性认识和理解，初步培养认知与自觉养成现代化管理素质的能力。

（3）培养运用初步管理系统的思想，建立现代组织的能力，培养分析、归纳与演讲的能力。

实习报告与考察

实习报告内容："模拟公司"运营体会。

考察内容：完成公司运作、完成交易流程、了解公司诉讼流程。

项目 10　企业资源管理实训

目的与要求

通过对企业资源管理的实训，让学生了解企业的实际运作，对市场变化作出快速反应，提高企业竞争力。

相关知识点

企业资源管理
财务管理
人力资源管理
采购供应管理
市场营销管理
生产管理

实习流程与环节

1. 企业的财务管理

财务管理是企业管理的重中之重，可以说，企业所有的生产经营活动都与财务管理密切关联。

透视传统企业财务管理存在的种种弊端。企业已经从过去的手工记账方式发展到现在普遍采用的会计电算化。早期财务管理软件虽然主要用于会计核算方面，但它在规范企业会计核算行为、建立健全财务制度、提高会计工作效率及会计数据质量方面发挥了重要作用。

市场经济条件下的现代企业，无论是体制机制、经营环境还是业务流程、组织结构都发生了深刻变化。重视后审计轻内部控制的传统财务管理模式存在着诸多弊端，已无法适应现代企业运营的需要。

我国的传统财务软件不能满足电子商务应用的要求，存在许多问题。如：过分强调中国特色，会计信息缺乏国际可比性；体系封闭，无法实现网络化管理和支持信息化应用，不能适应网络时代企业的需求；单币种、单语言，难以满足财务国际化的需要；与产、供、销等业务环节信息共享不够；等等。

随着市场经济的快速发展，现代企业财务管理模式逐步建立。建立现代企业制度是发展社会化大生产和市场经济的必然要求。现代企业制度的特征是产权明晰、权责明确、政企分开、管理科学，其组织形式是多元化、多角化、集团化经营。显然，现代企业制度的推行要有相应的现代财务管理模式相配套。建立现代财务管理体制，是市场经济快速发展的必然要求。

一般会计，即传统意义的财务会计，按照《企业会计准则》和《会计准则》及有关财务会计制度的要求，处理企业各类账目，按时向税务部门与社会保险等部门交纳税费。责任会计，用于通过解决企业内部会计管理上责任不清的问题，以提高企业的经营管理水平和经济效益；管理会计，以企业内部管理为主，面向未来的规划和控制日常发生的一切经济活动，通过对企业价值的预测、计划、控制和决策，包括企业财务目标的制订、利润规划、财务预算的编制、财务控制与成本控制、投资决策和融资决策、新产品开发预测和销售预测等，为企业管理的加强和决策服务。

IT 技术为财务信息化提供了快速发展的平台。特别是通过实施 ERP 这样的集成系统，可以较好地解决现代企业财务管理问题。主要做法包括设置通畅的业务流程、搭建科学的组织结构、全面管理财务相关数据、灵活处理各种会计事务、与相关业务紧密集成等。

ERP 主要采用外部会计和内部会计两个模块实现财务管理信息化功能。

用外部会计功能模块解决企业会计核算问题：

(1) 供应商处理。通过应付款系统（AP）来管理企业与供应商有关的会计数据，它解决了信息、现金管理和支付过程的集成问题。基本方法包括记录供应商数据、处理供应商发票、预付款管理、付款方式管理等。

(2) 客户处理。通过应收款系统（AR）来管理企业与客户有关的会计数据，它与总账、销售物流和订单输入、按订单设计生产、预算等业务方案集成。基本方法包括记录客户数据、信用管理、应收账的监督和管理、催款处理等。

(3) 一次性账目处理。包括一次性供应商和一次性客户账目，以采用比标准账目更加简化的方法来处理这类账目。如只生成一个通用的供应商主记录，而不必为每个供应商生成主记录。

(4) 债权人子公司/总公司处理。用于处理从子公司（或分支机构）采购而付款则对总公司账户的情况。与标准供应商的财务处理不同，它管理总公司和子公司两个相互关联的主记录，这样使账目更新自动同时完成。

(5) 总账处理。总分类账系统简化了外部会计处理过程，它提供清晰而完整的结构，即公司代码、业务领域、会计科目表。

灵活而集成的过账系统过程：账目过账与企业应用功能模块和财务子模块紧密集成（如采购、资产会计核算、成本控制系统）；

(6) 财务数据录入。多币种管理；未清算账目管理；完整标准文档输出，按法律要求生成结算报表（会计分类账）；灵活的报表生成器，提供日结、月结和年结的自动化过程。

(7) 报表合并。该功能是为有多个合法实体的公司设计的，用以汇总不同货币、不同国家的不同子公司和合资公司的会计信息。如公司之间账务抵消、应收和应付款项、费用和收入、投资所得、库存盈亏、固定资产转移等业务管理的现代化；

采用内部会计功能模块解决企业的业务规划和控制问题；

内部会计功能模块对传统的成本中心会计核算能力进行了补充，它从跨功能、面向过程的角度考虑成本，即根据资源使用情况将成本记入业务过程的借方，将成本中心的成本分配到业务流程中，这种方法使管理者能更好地规划资源。

(8) 成本中心会计。这个会计方案支持成本预算（标准成本的确定）、标准成本与实际成本之间的差异对比、成本报告与分析等。有关发生的成本都记录到相应的成本中心以分别进行核算，相关数据则同时或定期成批地传送到产品成本模块以及获利分析模块做进一步处理。

(9) 订单和项目会计。这是个全面网络化的管理会计系统，带有订单成本结算的详细操作规程。该系统收集成本，并用计划与实际结果之间的对比来协助对订单与项目的监控。系统提供了备选的成本核算及成本分析方案，从而有助于优化企业对其业务活动的计划与执行。

（10）产品成本核算会计。本核算方案可以进行成本核算与成本分摊功能、收集有关物流与技术数据、对单个产品与服务进行结果分析等，旨在对成本结构、成本要素及运营过程进行监控，并生成对单个对象或对整个一段时期的预测。而且，还能进行基于价值或数量的成本模拟估算。成本模拟得出的信息可用于对企业运营过程进行优化。

（11）获利能力分析。获利能力分析模块将帮助确定能够产生最好效益的产品或市场以及确定特定订单的利润构成。同时，销售、市场、产品管理、战略经营计划等模块也将根据从该模块所提供的第一手面向市场的信息进行下一步的分析处理。据此，企业能够判断目前在现存市场中的位置，并对新市场的潜力进行评估。

（12）利润中心会计。它提供的软件方案面向那些需要对其战略经营单位进行定期获利能力分析的企业。该系统使用期间会计技术来收集业务活动成本、运营费用和结果，从这些信息确定每个业务领域的获利效能。

（13）执行信息系统。执行信息系统（EIS）为管理部门提供一个软件方案，从企业的各个不同部分收集包括成本发生在内的各种数据，进行加工汇总，使之成为可服务于企业决策的格式。

综上可知，ERP 系统的应用打破了传统的财务运作方式，使财务管理从简单的记账变成分析控制，实现：

数据来源唯一：企业经营运作的数据来源只有销售订单和采购订单，订单上的原始数据成了公司信息流、物流和资金流的源头。

数据实时生成：每个作业都会实时地得到反映，每项控制都会实时地得到结果，每份报表都会实时地生成。数据生成和传输是基于每一个业务动作而不是批处理。过去库存要定期盘点清理，应收、应付账款要每月核算一次等。现在，采购、生产、销售、库存等环节的业务数据可以自动生成会计凭证，实时转换成应收款、应付款等数据。

信息共享：通过对企业业务流程的规范化，经营管理的各项数据真正形成信息流，每个部门是信息流上的一个环节，依靠统一的系统数据，按既定流程规则运作，做到让有权限的人“通透”地共享。形成支持多业务、多地域的事前预算、事中控制、事后准确核算的财务管理模式。

业务集成：财务和企业的产、供、销各环节完全集成，并能产生互动，整个企业是一个整体。

精准控制：每次作业都是准确的、可量化的，财务不但能了解销售、采购、库房、生产的全部过程，而且伴随着每个作业，财务将做相应的反应，并实施监控，杜绝“客观造假”隐患。

2. 企业的人力资源管理

人力资源管理包括企业的一系列人力资源政策以及相应的管理活动。这些活动主要有企业人力资源战略的制定、员工的招募与选拔、培训与开发、绩效管理、薪酬管理、员工流动管理、员工关系管理、员工安全与健康管理等。即企业运用现代管理方法，对人力资源的获取（选人）、开发（育人）、保持（留人）和利用（用人）等方面所进行的计划、组织、指挥、控制和协调等一系列活动。最终达到实现企业发展目标的一种管理行为。

人力资源管理的最终目标是促进企业目标的实现。阿姆斯特朗对人力资源管理目标界定如下：

企业的目标最终将通过其最有价值的资源——它的员工来实现；

为提高员工个人和企业整体的业绩，人们应把促进企业的成功当作自己的义务；

制定与企业业绩紧密相连，具有连贯性的人力资源方针和制度，是企业最有效利用资源和实现商业目标的必要前提；

应努力寻求人力资源管理政策与商业目标之间的匹配和统一；

当企业文化合理时，人力资源管理政策应起支持作用；当企业文化不合理时，人力资源管理政策应促使其改进；

创造理想的企业环境，鼓励员工创造，培养积极向上的作风；人力资源政策应为合作、创新和全面质量管理的完善提供合适的环境；

创造反应灵敏、适应性强的组织体系，从而帮助企业实现竞争环境下的具体目标；

增强员工上班时间和工作内容的灵活性；

提供相对完善的工作和组织条件，为员工充分发挥其潜力提供所需要的各种支持；

维护和完善员工队伍以及产品和服务。

（1）企业的人力资源管理内容。

① 职务分析与设计。对企业各个工作职位的性质、结构、责任、流程，以及胜任该职位工作人员的素质，知识、技能等，在调查分析所获取相关信息的基础上，编写出职务说明书和岗位规范等人事管理文件。

② 人力资源规划。把企业人力资源战略转化为中长期目标、计划和政策措施，包括对人力资源现状分析、未来人员供需预测与平衡，确保企业在需要时能获得所需要的人力资源。

③ 员工招聘与选拔。根据人力资源规划和工作分析的要求，为企业招聘、选拔所需要人力资源并录用安排到一定岗位上。

④ 绩效考评。对员工在一定时间内对企业的贡献和工作中取得的绩效进行考核和评价，及时作出反馈，以便提高和改善员工的工作绩效，并为员工培训、晋升、计酬等人事决策提供依据。

⑤ 薪酬管理。包括对基本薪酬、绩效薪酬、奖金、津贴以及福利等薪酬结构的设计与管理，以激励员工更加努力地为企业工作。

⑥员工激励。采用激励理论和方法，对员工的各种需要予以不同程度的满足或限制，引起员工心理状况的变化，以激发员工向企业所期望的目标而努力。

⑦ 培训与开发。通过培训提高员工个人、群体和整个企业的知识、能力、工作态度和工作绩效，进一步开发员工的智力潜能，以增强人力资源的贡献率。

⑧ 职业生涯规划。鼓励和关心员工的个人发展，帮助员工制订个人发展规划，以进一步激发员工的积极性和创造性。

⑨人力资源会计。与财务部门合作，建立人力资源会计体系，开展人力资源投资成本与产出效益的核算工作，为人力资源管理与决策提供依据。

⑩ 劳动关系管理。协调和改善企业与员工之间的劳动关系，进行企业文化建设，营造和谐的劳动关系和良好的工作氛围，保障企业经营活动的正常开展。

（2）企业的人力资源管理功能。现代企业人力资源管理，具有以下五种基本功能。

①获取。根据企业目标确定的所需员工条件，通过规划、招聘、考试、测评、选拔、获取企业所需人员。

②整合。通过企业文化、信息沟通、人际关系和谐、矛盾冲突的化解

等有效整合，使企业内部的个体、群众的目标、行为、态度趋向企业的要求和理念，使之形成高度的合作与协调，发挥集体优势，提高企业的生产力和效益。

③保持。通过薪酬、考核，晋升等一系列管理活动，保持员工的积极性、主动性和创造性，维护劳动者的合法权益，保证员工在工作场所的安全、健康、舒适的工作环境，以增进员工满意感，使之安心满意地工作。

④评价。对员工工作成果、劳动态度、技能水平以及其他方面作出全面考核、鉴定和评价，为作出相应的奖惩、升降、去留等决策提供依据。

⑤发展。通过员工培训、工作丰富化、职业生涯规划与开发，促进员工知识、技巧和其他方面素质提高，使其劳动能力得到增强和发挥，最大限度地实现其个人价值和对企业的贡献率，达到员工个人和企业共同发展的目的。

（3）人力资源管理职责。人力资源管理职责是指人力资源管理者需要承担的责任和任务。加里·德斯勒在他所著《人力资源管理》一书中列举了一家大公司人力资源管理者在有效的人力资源管理方面所负的责任：

① 把合适的人配置到适当的工作岗位上；

② 引导新雇员进入组织（熟悉环境）；

③ 培训新雇员适应新的工作岗位；

④ 提高每位新雇员的工作绩效；

⑤ 争取实现创造性的合作，建立和谐的工作关系；

⑥ 解释公司政策和工作程序；

⑦ 控制劳动力成本；

⑧ 开发每位雇员的工作技能；

⑨ 创造并维持部门内雇员的士气；

⑩ 保护雇员的健康以及改善工作的物质环境。

（4）国外人力资源管理的方法。

①“抽屉式”管理。在现代管理中，它也叫作“职务分析”。当今一些经济发达国家的大中型企业，都非常重视“抽屉式”管理和职位分类，并且都在“抽屉式”管理的基础上，不同程度地建立了职位分类制度。据调查统计：泰国在1981年采用“抽屉式”管理的企业为50%，在1985年为75%，而在1999年为95%以上。最近几年，我国香港的大中型企业也普遍实行“抽屉式”管理。

"抽屉式"管理是一种通俗形象的管理术语，它形容在每个管理人员办公桌的抽屉里，都有一个明确的职务工作规范，在管理工作中，既不能有职无权，也不能有责无权，更不能有权无责，必须职、责、权、利相互结合。

企业进行"抽屉式"管理有如下五个步骤：

第一步，建立一个由企业各个部门组成的职务分析小组；

第二步，正确处理企业内部集权与分权关系；

第三步，围绕企业的总体目标，层层分解，逐级落实职责权限范围；

第四步，编写"职务说明""职务规格"，制定出对每个职务工作的要求准则；

第五步，必须考虑到考核制度与奖惩制度相结合。

②"危机式"管理。在世界著名大企业中，随着世界经济竞争日趋激烈化，相当一部分进入维持和衰退阶段，柯达、可口可乐、杜邦、福特这样的大企业，也曾出现大量的经营亏损。为改变状况，美国企业较为重视推行"危机式"生产管理，掀起了一股"末日管理"的浪潮。

美国企业界认为，如果一位经营者不能很好地与员工沟通，不能向他的员工表明危机确实存在，那么他很快就会失去信誉，因而也会失去效率和效益。美国技术公司总裁威廉·韦思看到，全世界已变成一个竞争的战场，全球电讯业正在变革中发挥重要作用。因此，他起用两名大胆改革的高级管理人员为副董事长，免去 5 名倾向于循序渐进改革的高级人员职务，在职工中广泛宣传某些企业由于忽视产品质量、成本上升导致失去用户的危机。他要全体员工知道，如果技术公司不把产品质量、生产成本及用户时刻放在突出位置，公司的末日就会来临。

③"一分钟"管理。目前，西方许多企业纷纷采用"一分钟"管理法则，并取得了显著的成效。具体内容为：一分钟目标、一分钟赞美及一分钟惩罚。

一分钟目标，就是企业中的每个人都将自己的主要目标和职责明确地记在一张纸上。每一个目标及其检验标准，应该在 250 个字内表达清楚，一个人在一分钟内能读完。这样，便于每个人明确认识自己为何而干，如何去干，并且据此定期检查自己的工作。

一分钟赞美，就是人力资源激励。具体做法是企业的经理经常花费不长的时间，在职员所做的事情中，挑出正确的部分加以赞美。这样可以促使每位职员明确自己所做的事情，更加努力地工作，使自己的行为不断向完美的方向发展。

一分钟惩罚，是指某件事应该做好，但却没有做好，对有关的人员首先进行及时批评，指出其错误，然后提醒他，你是如何器重他，不满的是他此时此地的工作。这样，可使做错事的人乐于接受批评，感到愧疚，并注意避免同样错误的发生。

“一分钟”管理法则妙就妙在它大大缩短了管理过程，有立竿见影之效果。一分钟目标，便于每个员工明确自己的工作职责，努力实现自己的工作目标；一分钟赞美可使每个员工更加努力地工作，使自己的行为趋向完善；一分钟惩罚可使做错事的人乐意接受批评，促使他今后工作更加认真。

④“破格式”管理。在企业诸多管理中，最终都通过对人事的管理达到变革创新的目的。因此，世界发达企业都根据企业内部竞争形势的变化，积极实行人事管理制度变革，以激发员工的创造性。

在日本和韩国企业里，过去一直采用以工作年限作为晋升职员级别和提高工资标准的“年功制度”，这种制度适应了企业快速膨胀时期对用工用人的要求，提供了劳动力就业与发展的机会。进入 20 世纪 80 年代以来，这些发达企业进入低增长和相对稳定阶段，“年功制度”已不能满足职员的晋升欲望，使企业组织人事的活力下降。90 年代初起，日本、韩国发达企业开始着手改革人事制度，大力推行根据工作能力和成果决定升降员工职务的“破格式”的新人事制度，收到了明显的成效。

世界大企业人事制度的变革，集中反映出对人的潜力的充分挖掘，以搞活人事制度来搞活企业组织结构，注意培养和形成企业内部的“强人”机制，形成竞争、奋发、进取、开拓的新气象。

⑤“和拢式”管理。“和拢”表示管理必须强调个人和整体的配合，创造整体和个体的高度和谐。在管理中，欧美企业主要强调个人奋斗，促使不同的管理相互融洽借鉴。它的具体特点是：

第一，既有整体性，又有个体性。企业每个成员对公司产生使命感，“我就是公司”是“和拢式”管理中的一句响亮口号。

第二，自我组织性。放手让下属做决策，自己管理自己。

第三，波动性。现代管理必须实行灵活经营战略，在波动中产生进步和革新。

第四，相辅相成。要促使不同的看法、做法相互补充交流，使一种情况下的缺点变成另一种情况下的优点。

第五，个体分散与整体协调性。一个组织中单位、小组、个人都是整体中的个体，个体都有分散性、独创性，通过协调形成整体的形象。

第六，韵律性。企业与个人之间达成一种融洽和谐充满活力的气氛，激发人们的内驱力和自豪感。

⑥“走动式”管理。这是世界上流行的一种创新管理方式，它主要是指企业主管体察民意，了解实情，与部属打成一片，共创业绩。这种管理风格，已显示出其优越性，如：

一是主管动，部属也跟着动。日本经济团体联合会名誉会长土光敏夫采用“身先士卒”的做法，一举成为日本享有盛名的企业家，在他接管日本东芝电器公司前，东芝已不再享有“电器业摇篮”的美称，生产每况愈下。土光敏夫上任后，每天巡视工厂，遍访了东芝设在日本的工厂和企业，与员工一起吃饭，闲话家常。清晨，他总比别人早到半个小时，站在厂门口，向工人问好，率先示范。员工受此气氛的感染，促进了相互间的沟通，士气大振。不久，东芝的生产恢复正常，并有很大发展。

二是投资小，收益大。走动管理并不需要太多的资金和技术，就可能提高企业的生产力。

三是看得见的管理。最高主管能够到达生产第一线，与工人见面、交谈，希望员工能够对他提意见，能够认识他，甚至与他争辩是非。

四是现场管理。日本为何有世界上第一流的生产力呢？有人认为是建立在追根究底的现场管理上的原因。主管每天马不停蹄地到现场走动，部属也只好舍命陪君子了！

五是“得人心者昌”。优秀的企业领导要常到职位比他低几层的员工中去体察民意，了解实情，多听一些“不对”，而不是只听“好”的。不仅要关心员工的工作，叫得出他们的名字，而且还要关心他们的衣食住行。这样，员工觉得主管重视他们，工作自然十分卖力。一个企业有了员工的支持和努力，自然就会昌盛。

美国麦当劳快餐店创始人雷·克罗克，是美国有影响的大企业家之一，他不喜欢整天坐在办公室里，大部分时间都用在“走动式”管理上，即到所属各公司、各部门走走、看看、听听、问问。公司曾有一段时间面临严重亏损的危机，克罗克发现其中一个重要原因是，公司各职能部门的经理官僚主义突出，习惯躺在舒适的椅背上指手画脚，把许多宝贵的时间耗费在抽烟和闲聊上。于是克罗克想出一个“奇招”，要求将所有经理的椅子靠背都锯掉，经理们只得照办。开始很多人骂克罗克是个疯子，不久大家悟出了他的一番“苦心”，纷纷走出办公室，开展“走动式”管理，及时了解情况，现场解决问题，终于使公司扭亏转盈，有力地促进了公司的生存和发展。

（5）人力资源管理的发展趋势。人是组织最重要的资产，也是竞争力的关键因素。因此，不管是机构、公务机关或是法人机构都越来越重视人才的培育，甚至不惜投入大笔资金办理教育训练。培育人才的目的在于组织整体能力的开发、提升或是经验的传承及核心能力的维系。由此可见，组织的发展与人才的养成有着直接而密切的关系，甚至可以断言，一个不重视人才养成及维系的组织，将丧失其竞争力，面临无情的淘汰。“训练发展”是培育人才的主要方式，也是涵盖面最广、影响最深远的组织功能。在开发人员能力，进而激发其潜力方面，教育训练确实有着重要的贡献。然而，每位员工的资质能力不同，自然无法采用一套四海皆准的训练方法，因此，如何分门别类，依“人才”及组织发展需求进行规划，并从“知识”“态度”“技巧”等方面考量课程的设计，遴选适任的讲师，便是每一位训练专业人员最重要的课题。在21世纪的今天，经济环境的变迁、社会价值观的改变、资讯的爆炸以及科技的日新月异，时时都挑战着训练工作者的专业能力，唯有不断充实与学习，方能保持领先，也才能对组织提供更大的贡献，发挥培育人才的关键力量，推动组织迈向更具希望的明天。

3. 企业的生产管理

现代生产的计划与控制流程如图10－1所示。

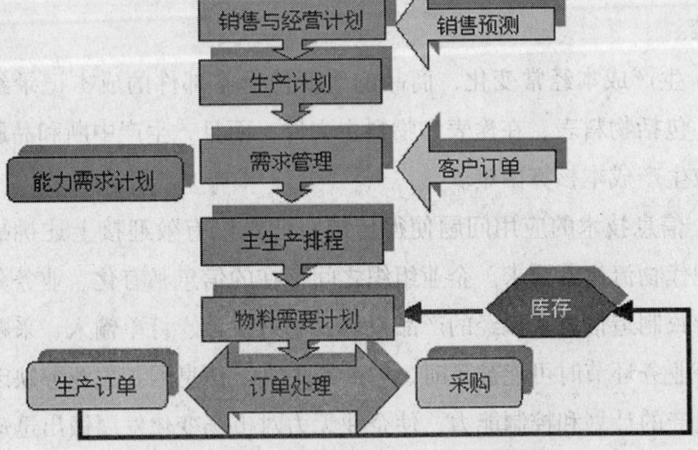

图10－1　现代生产的计划与控制流程

制造业既包含了采购和销售，也包含着将低价值的物料转换成高附加值产品的生产制造。快速响应（Quick Response）和敏捷（Agility）是制造业成功的关键因素，而生产物流是制造业整个物流的核心环节。

从信息应用角度看，生产计划和控制是企业制造管理问题的核心，这里计划的对象是物料，计划执行的结果要通过对物料的监控来考核。

对生产物流进行计划是指根据计划期内规定的出产产品的品种、数量和期限，具体安排在各个工艺阶段的生产进度，并使各个环节在制品的结构、数量和时间相协调；而对生产物流进行控制主要体现在物流（量）的进度控制和在制品管理两个方面。

企业生产制造面对种种挑战，与以往不同，现代企业的竞争优势依赖于计划过程的高度灵活性、货物交付的准确及时性以及强有力的质量保障体系，这使得包含了生产环节的制造型企业面对的挑战远远多于其他类型企业。生产管理问题变得复杂起来，除了包括通常意义的需求预测困难、前置时间短而交货紧迫、供应商物料品质不稳定和交货期难以控制外，还包括：

（1）设计变更难以控制，产品的设计、品质出现问题或客户偏好发生变化时，需要进行变更设计，它涉及营销、研发、生产、采购、库存、会计、服务等方面，协调复杂、控制困难。

（2）生产流程不稳定，客户改变订单日期、供应商改变交货日期、员工不预警地旷工、机器故障、品质变化等都将使企业很难维持一个稳定的生产排程表。

（3）制造现场数据难于获取，是由于现场数据与管理信息分离造成的，包括作业数据和绩效衡量数据，使得计算机系统难于管理生产现场而影响决策。

（4）生产成本经常变化，商品的改变使得零部件的成本记录经常随之而变，包括物料表、在途表和物料主文件。而且，生产中断和品质问题也将导致生产成本核算困难。

（5）信息技术的应用问题使得传统企业难以有效迎接上述挑战，难以满足现代物流运营要求。企业组织之间存在的信息私有化、业务分离的缺陷，导致制造信息在流经的产品设计、制造设计、订单输入、采购、制造现场等业务环节时可能被延时、中断或失真。信息因相关业务缺乏集成影响了生产的计划和控制能力，使企业无力对市场变化发展做出迅速有效的反应，包括：难于按照销售和客户订单快速组织生产；生产计划未能有效与销售和经营计划保持一致；不能有效管理复杂物料的需求，并与生产能力、库存、采购对接；不能有效选择优化的工艺路线；不能有效监视车间作业状况；过程数据与管理数据分离。传统的生产计划和控制方式难以管理复杂的计划体系，滋生了企业生产制造管理当中出现的种种问题，必须以现代方式加以解决，常用的手段包括：

① MRPⅡ/ERP。MRPⅡ/ERP 源自美国产业，体现了西方的管理思想，即重分析和计划，采用科学方法把产品和制程分解到细微，包括从大的产品线计划到每台机器的细排程。MRPⅡ/ERP 适应了西方消费者对产品式样规格多样化、交货期缩短的要求，体现了以物料为中心的“为客户服务、按需定产”的宗旨，改变了传统的以设备为中心的“以产定销”的做法。

MRPⅡ/ERP 方式所涉及的计划依次有：首先是业务计划（Business Plan）及销售和经营计划（SOP，Sales and Operation Plan），它决定了企业的经营方针和规模，以及长期和中期的销售量，是制订生产计划和需求管理的基础；其次是决定各期产品线产量的生产计划（Production Planning）和决定订单交期的需求管理（Demands Management），它们共同决定了各期产量；最后是主生产排程（MPS）和物料需求计划（MRP）。

② JIT。JIT 方式即准时化生产。源自日本产业，是东方思想的产物。它把管理作为一个整体来看待。其基本理念是，尊重个人意愿，让基层员工参与决策，培养与供应商间的互信，取消进料检验，仓库分散到制造现场，供应商直接交货到现场，依据实际需要而不是计划生产，取消文书作业，不做细部计划等。

JIT 面向的基本社会需求定位是：多品种、中小批量。它适用于资源、资金缺乏，难以形成高度专业化生产线的情况，以把制造过程中的浪费降到最低限度为目标。

以上两种生产的计划和控制方式各有优势。融合东西方优秀管理思想的做法是：以物料需求计划进行准备，而操作则遵循及时供补的原则（见图 10－2）。

比较因素	MRPⅡ/ERP	JIT
计划方式	集中式的计划方式	看板管理方式
是否提供生产能力平衡	提供	基本不提供
物料采购和供应方式	根据计划系统下达物料需求指令	采购和供应是生产链的延伸部分，由看板向企业外部传递需求
质量管理方式	把质量问题视为概率性问题，由最终检验环节加以控制	在每道生产工序中控制物料质量
库存控制方式	通常设有各级库存，强调库存管理的明细化、准确性	一般不设在制品库存，只在需求期到达时供应物料，追求零库存
企业间协作环境	在一个比较完善、规范的市场环境下产生和推行，不强调企业间的密切协作关系	采用分级协作方式展开密切合作

图 10－2

IT 技术为企业解决生产问题提供了强大工具。IT 技术为生产制造有效采用现代计划和控制方式提供了有力工具。这种应用的突出优势表现在：生产物流与企业其他价值链区域紧密集成，从而优化调整了所有与物流相关的事务——从采购、库存到销售和流通。而且通过集成优势使得生产制造的相关数量流和价值流自动更新。由此，从计划和控制总体物流角度看，集成为生产物流提供了高性能的功能。IT 技术主要从以下三个方面解决生产的计划和控制问题。

设置符合现代生产计划和控制要求的流程。现代生产的计划和控制流程包括以下基本环节，其中也隐含了与相应业务的集成机制：

（1）从业务计划或销售与经营计划制订长期销售计划，并与生产计划保持一致；

（2）将需求预测与客户订单进行计划，确定成品及关键部件的数量和时间，即进行需求管理；

（3）客户需求与长期的生产计划集成，形成主生产排程（MPS）；

（4）计划各阶段进行能力检查与均衡；

通过物料需求计划（MRP）制订详细的物料需求（数量、时间及必要的订单建议)，其中会与库存情况进行比较及相应的过账处理；执行生产订单（Production Orders)，包括把 MRP 中产生的计划订单（Planned Orders）下达给生产部门、物料发放、执行生产工序、与外部服务提供商执行工序的集成、工作流控制、现场数据收集等；生产订单中收货、确认；

与会计、成本及质量过程集成。管理与生产有关的数据，对有关生产数据进行系统管理是计划和控制的基础，包括：

（1）物料，即对物料的基本属性及与采购、库存、销售等相关信息的描述；

（2）物料表，即对物料组成要素的详细描述；

（3）工作中心，即对工作中心基本信息、能力、流程、成本中心接口等的描述；

（4）作业流程，即对制造的操作顺序（如准备、安装、完成和检查）及所需资源的描述；

（5）成本中心，即对制造成本进行管理。

对不同生产类型实施有针对性的处理。企业生产类型的差异，其物流也表现出不同的特征。主要制造类型包括批量生产、重复式生产、订货型生产、流程式生产、按订单生产等。随着“以客户为中心”经营理念的推行，多品种中小批量生产类型正成为现代加工装配型企业的发展趋势。

IT 应用系统针对这些差异实施分别处理，如重复式制造方案描述了重复环境下的计划和执行，它包括整个供应链从企业级的业务规划到细节的生产排程和报告。在这个方案中，其处理过程虽然类似于常见的批量生产类型，但物料的发放采用所谓的“倒冲法”，这是一种自动过账和结算物料、生产成本的管理方式。

（6）企业采购供应管理。采购，作为客车最大费用构成部分，在整车的制造成本中始终占据着 60% ~70% 的位置，可以说采购行为提前决定了客车最终成品的质量。而在保证采购质量长期稳定的同时兼顾降低成本，无论对宇通还是整个制造行业，都是不能回避的问题。

购买部门权力过于集中，不可避免会带来诸如回扣、效率低、采购过程不透明等诸多问题。同时，由于采购并非如“拿钱买菜”简单，在采购中存在很多不确定因素，导致企业采购在不同时间侧重点不同。假如某个时期对交货时间严要求，那么必定会牺牲价格和质量，而另一时期对价格偏爱，又会以质量和时间为代价。这种购买行为短期也许会对企业利益有一定帮助，但长期的结果累积却会造成产品质量波动，更会造成“耐用"的名不副实。既想价格便宜又想质量好又要时间快，这三点本身就相互矛盾，如果不能有效协调将会严重影响企业发展。

（7）企业的市场营销管理。一提到猫论，大家首先想到的可能就是邓小平的那句名言：不管黑猫白猫，抓住老鼠就是好猫。但笔者这里所指的猫论，是毛泽东提出的。在萧诗著的《毛泽东谋略》一书中，提到在20世纪50年代的上海，广泛流传着这样一则故事：毛泽东会见资本家后，召见刘少奇和周恩来，向他们提出一个有趣的问题：你们怎样才能使猫吃辣椒？刘少奇说："这还不容易？你让人抓住猫，把辣椒塞进它嘴里，然后用筷子捅下去。"毛泽东很不满意地摆了摆手，说："决不能用暴力，每件事应该是自觉自愿的。"周恩来说："我首先让猫饿三天，然后，我把辣椒裹在一片肉里，如果猫非常饿的话，就会囫囵枣般地吞下去。"毛泽东显然也不同意，因为在他看来，不能用欺骗手段愚弄人。他的办法是："这很容易，你可以把辣椒擦在猫的屁股上，当它感到火辣辣的时候，它就会自己去舔掉辣子并为能这样做而感到高兴不已。"

实际上，毛泽东的这个命题本身也是值得分析的。猫是不吃辣椒的，无论采取什么措施，猫吃了辣椒总归是不高兴的，即使按照毛泽东的方法，猫吃了辣椒，猫也会想：谁在我屁股上擦辣椒？因此，要达到毛泽东的目的，必须有三个假设：一是假设猫没有思想，如果没有思想，也就不存在高兴不高兴的说法了；二是假设猫永远也不去调查是谁在它屁股上擦辣椒；三是假设猫永远也调查不清楚是谁在它屁股上擦辣椒。我相信，猫一旦知道了事实的真相，一定会更加怀恨在它屁股上擦辣椒的人！

笔者认为，要调动他们的积极性、主动性、创造性、首先要明确他们的行为特点，即他们"爱吃"什么？如果他们根本不爱吃辣椒，而爱吃鱼，那就让它们吃鱼。问题在于鱼从何处来？对此，有的企业老总提出鱼鹰论，即让鱼鹰去河里抓鱼，抓到鱼后，小鱼让鱼鹰吃，大鱼给主人。问题是，为了做到这一点，有三种可能：第一，先喂饱鱼鹰，让它无食欲，从而把抓到的全部上交，而这是不可能的，因为鱼鹰一旦吃饱了，就没有去河里抓鱼的积极性；第二，让鱼鹰饿着，有抓鱼的积极性，在它抓住鱼的同时，主人掐住鱼鹰的脖子，把大鱼夺下，但是一旦有很多鱼鹰时，就管不过来了；第三，事先对鱼鹰进行训练，无论抓住多大的鱼，一律给主人，主人再给鱼鹰小鱼吃。

人毕竟不是鱼鹰，也不是猫！

为了有效地建立激励机制，笔者认为可以用梯子形象地说明。该定理认为：一个独立稳定的梯子必定由四个纵边组成。其中，由两个纵边组成两个相对应的横梯。笔者认为，这四个纵边包括两对：一对是职务与职称为两纵边组成的晋升横梯等级即晋升激励。目前，我国各种企业的晋升等级几乎均是职务晋升，并以此作为利益机制结果是官浮于事，内耗严重。而反映技术水平的职称等级几乎不起激励作用，从而导致晋升“梯子”的畸形化。另一对是由物质与精神为两纵边组成的奖励横梯等级即奖励激励，而在现实中，又过于强调物质激励，这种片面子性均导致奖励激励这个“梯子”的不稳定。关于销售经理的物质奖励。我认为，提成激励具有较大的副作用。提成是销售经理按照销售额来提取一定比例的收入，其机制是：销售经理销售额越高，自已的提成收入越高。一般地，销售经理没有定价权，这样一来，要增加销售，销售经济极易采取两个措施：一是跨地区销售，二是与经销商联合起来，向公司销售总经理施加压力，以满足价格、铺货或回款等方面的要求。在这种激励机制下，地区销售经理的收入是从公司销售总经理的口袋里拿，而且预期不明，必然是抱着“做着看”的心理。

如果采取年薪激励，则相反，在年薪制下，地区销售经理的年收入有一定既定的明确的预期，如果销售经济能够按照公司政策完成任务，则他的收入是很明确的，如果完不成任务，则扣减其年薪。这样一来，给销售经理的感觉是公司从自已的口袋里向外拿钱，与提成从公司拿钱的感觉肯定不同。因此，笔者认为，对销售经理采取年薪制的激励机制更好。

如年薪全部定为X万，每月发放Y元生活费，其余在年按照考核结果发放。年底实际发放年薪是“X任务完成率—12Y。如果任务完成率大于100%，则其年薪可以高于X万，因此，不需另加奖励。地区经济的年薪直接由公司考核发放。

对经销商，为了解决返利等问题，可以考虑将代理制和经销制的优点结合起来，采取“定点+定量+定价+定利”的“四定”政策：“定点”即给经销商确定经销地区；“定量”即给经销商确定销量；“定价”即经销商按照公司确定的零售价销售和回款；“定利”即在完成上述的任务后，由公司在年底给经经销商一定的返利。这种方法可以确保经销商的利益。如果经销商同意采取这种措施，可以签订合同，并且每3个月考核一次，发放季节返利。考核方法是：(3个月任务量/全年任务量) 全年返利(3个月实际销量/3个月任务量)。各个地区经理可以将本地区的所有经销商组织起来，确定总的销量以及各自的销量。这样，按照总的销量与公司计算季节返利，返利后再按照各处实际销量的比例分配返利。这就看地区经理是否有这种组织能力。

但是，当物质奖励达到一定程度后，其激励作用就会降低。这时候，就特别需要精神激励。关于精神激励，笔者认为可以主要采取四个有效的激励方式：一个建立荣誉室，将企业每年通过公正评选出来的成绩突出的区域市场经济和业务人员的大型照片挂在荣誉室，并配以文字说明；二是设立功勋壁，即将对企业发展做出过重大贡献的区域市场经理或业务人员的功勋，通过石刻画像及刻字说明，建立起功勋墙壁；三是出版专门的企业发展大事记，以公开出版文集的方式，宣传这些功勋人员的业绩；四是对业绩突出的区域市场经理或业务人员进行重点培训，包括出国和国内培训。

赛马定理说到，在三国时期，曹操就说过："吾任天下之智力，以道御之，无所不可。"而美国的 IBM 第二任总裁小沃森在其回忆录中写道："我总是毫不犹豫是提拔我不喜欢的人，那种讨人欢喜的助手，喜欢与你一道外出钓鱼的老好人，则是管理中的陷阱。相反，我总是寻找精明能干、受挑毛病、语言尖刻、几乎令人生厌的人，他们对你推心置腹。如果你能把这些人安排在你周围工作，耐心地听取他们的意见，那么，你能取得的成就将是无限的。"

毛泽东认为，正确的路线确定之后，干部就是决定的因素。那么，销售经理怎样产生呢？笔者认为，漫长的封建社会的朝代更替的事实证明，相马论是靠不得住的，即使是伯乐的儿子，拿着伯乐的相马经去找良马，结果也相回了一青蛙。笔者坚持认为：是骡子是马，拉出来遛遛！只有通过公平的赛马，才能发现良马。

所谓赛马论，是指企业必须为其所有的员工提供公平的竞争环境，通过公平的竞争，让所有的员工得到充分有效的利用与合理的配置，从而产生较高的知识经济效益。为了建立有效的公平竞争环境，企业有必要采取以下两项措施：一是区域市场经理实行内部公开招标制度，即企业将其市场划分为若干地区，包括每个地区的市场销售目标、时间、费用预算等。每个区域市场经济的岗位均向企业内部人员公开招标，由中标者负责。二是对新进入的业务人员，要正确处理学历与业绩的关系，对新进入企业的大中专学生，在确定工作岗位与收入时，可以采取第一年看学历、第二年学历与业绩各半、第三年看业绩的方法。这样，既可以为新来的大中专学生提供发展机会，同时，又为所有职工提供了公平的发展机会。

为此，需要制定科学的赛马程序：

第一步：公告。

人事部首先张贴布告，公布需要销售业务员或地区销售经理，凡是有意的员工都可以向人事部递交申请书，毛遂自荐，并提供各种理由说明，你为什么能胜任这个职务。

第二步：考试。

一是体能考试，销售工作首先需要充沛的体能，因此，可通过多种多样的方式，考查报名者的体能。

二是论文考试，即通过给定题目范围，让申请人在给定时间内完成一篇论文。主要考试申请人的知识面宽窄、观点新旧、文字表达能力高低等。

三是知识笔试，即对所申请的职位进行的知识考试，包括是非题、选择题、填充题等方法。主要考查申请人的知识准备、思考能力、判断能力、记忆能力。

四是口头考试，考查申请人的随机应变能力。

第三步：平衡。

人事部对申请人进行初评，然后提出名单，由经理决定。

第四步：面谈。

被初选的员工，必须由选拔委员会的成员和他们面谈。委员会由业务干部和人事干部组成。每次面谈后，委员会根据选拔标准，对申请人评分。评分合格后，该员工即获得了受训资格。

第五步：训练。

训练的主要内容是新岗位所需要的专业技能和相关知识。包括理论学习和销售部门的实习。

第六步：考评。

通过训练，对候选人的判断能力、学习能力、应变能力、观念、工作质量、协调能力等进行评价。

第七步：正式任命。

操作范例

企业的信息资源主要包括来自企业内部生产、管理、经营过程中产生的信息和从企业外部获得的各种信息，它们是企业做出各种决策的基础。现今，随着信息社会的快速发展，信息资源对企业的生存发展起着的作用也越来越重要。

线下实习设计

项目决策与管理

设定一定管理情景与任务，由学生运用所学知识与相关技能，对该项目设计管理方案或对其进行模拟决策与管理。

管理沙龙

这是针对管理课程的特点而尝试的一种特殊的教学方式。一般是针对一个特定的管理问题，事先进行较为充分的准备；然后，由学生集聚在一起，在轻松的氛围中进行畅谈，相互启发，也可以争论，形成相同或不同的思路；并于事后形成文字材料。

拓展训练

头脑风暴法

针对讲授中、案例中、学生身边提出的管理问题，由学生应用所学知识，放开思路，大胆分析，提出自己的见解与解决方案。

实习报告与考察

实习报告内容：企业资源管理小结。

考察内容：对企业资源管理的了解程度。

第五篇

模拟公司运营总结

项目 11　企业财务报表及企业财务分析

目的与要求

通过“模拟公司”运营总结阶段的实训，培养学员企业财务报表及企业财务分析能力，要求学员能够成功编制“模拟公司”的“资产负债表”“利润表”“现金流量表”。

相关知识点

资产负债表

利润表

现金流量表

实习流程与环节

1.“资产负债表”的编制

资产负债表是反映企业在某一特定日期财务状况的报表。例如，公历每年 12 月 31 日的财务状况，由于它反映的是某一时点的情况，所以，又称为静态报表。

资产负债表主要提供有关企业财务状况方面的信息。通过资产负债表，可以提供某一日期资产的总额及其结构，表明企业拥有或控制的资源及其分布情况，即有多少资源是流动资产、有多少资源是长期投资、有多少资源是固定资产，等等；可以提供其一日期的负债总额及其结构表明企业未来需要用多少资产或劳务清偿债务以及清偿时间，即流动负债有多少、长期负债有多少、长期负债中有多少需要用当期流动资金进行偿还，等等；可以反映所有者所拥有的权益，据以判断资本保值、增值的情况以及对负债的保障程度。资产负债表还可以提供进行财务分析的基本资料，如将流动资产与流动负债进行比较，计算出流动比率；将速动资产与流动负债进行比较，计算出速动比率等，可以表明企业的变现能力、偿债能力和资金周转能力从而有助于会计报表使用者作出经济决策。

资产负债表根据资产、负债、所有者权益（或股东权益，下同）之间的勾稽关系，按照一定的分类标准和顺序把企业一定日期的资产、负债和所有者权益各项目予以适当排列。它反映的是企业资产、负债、所有者权益的总体规模和结构。即资产有多少；资产中，流动资产、固定资产各有多少；流动资产中，货币资金有多少，应收账款有多少，存货有多少，等等。所有者权益有多少；所有者权益中实收资本（或股本下同）有多少，资本公积有多少，盈余公积有多少，未分配利润有多少，等等。

在资产负债表中，企业通常按资产、负债、所有者权益分类分项反映。也就是说，资产按流动性大小进行列示，具体分为流动资产、长期投资、固定资产、无形资产及其他资产；负债也按流动性大小进行列示，具体分为流动负债、长期负债等；所有者权益则按实收资本、资本公积、盈余公积、未分配利润等项目分项列示。

资产负债表的格式一般有表首、正表两部分。其中表首概括地说明报表名称、编制单位、编制日期、报表编号、货币名称、计量单位等。正表是资产负债表的主体，列示了用以说明企业财务状况的各个项目。资产负债表正表的格式一般有两种：报告式资产负债表和账户式资产负债表。报告式资产负债表是上下结构，上半部列示资产下半部列示负债和所有者权益。具体排列形式又有两种：一是按“资产 = 负债十所有者权益”的原理排列；二是按“资产 - 负债 = 所有者权益”的原理排列。账户式资产负债表是左右结构，左边列示资产，右边列示负债和所有者权益。不管采取什么格式，资产各项目的合计等于负债和所有者权益各项目的合计这一等式都不变。

在我国，资产负债表采用账户式。每个项目又分为“年初数”和“期末数”两栏分别填列。

例：大江公司2000年12月31日有关科目的余额见表11－1。

表11－1 **科目余额表** 单位：元

科目名称	借方余额	科目名称	贷方余额
现金	3000	短期借款	200000
银行存款	750000	应付票据	120000
其他货币资金	350000	应付账款	350000
应收票据	85000	其他应付款	2000
应收账款	700000	应付工资	3000
坏账准备	－3500	应付福利费	15000
预付账款	100000	应交税金	102000
其他应收款	5000	其他应交款	21000
原材料	950000	长期借款	2000000
包装物	150000	住房周转金	500000
低值易耗品	100000	股本	5000000
库存商品	280000	盈余公积	500000
长期股权投资	250000	利润分配	286500
固定资产	5800000		
累计折旧	－1160000		
在建工程	440000		
无形资产	250000		
长期待摊费用	50000		
合计	9099500	合计	9099500

根据上述所给资料，编制该公司2000年12月31日的资产负债表（期末栏数）见表11－2。

表11－2 **资产负债表**

编制单位：大江公司 2000年12月31日 单位：元

资产	年初数	年末数	负债及所有者权益	年初数	期末数
货币资金		1103000	流动负债：		
短期投资			短期借款		200000
应收票据		85000	应付票据		120000
应收账款净额		696500	应付账款		350000
预付账款		100000	其他应付款		2000
其他应收款		5000	应付工资		3000
应收股利			应付福利费		15000
存货		1480000	未交税金		102000

续表

资产	年初数	年末数	负债及所有者权益	年初数	期末数
待摊费用			应付利润		
1年内到期的长期投资			其他未交款		21000
流动资产合计			预提费用		
长期股权投资		250000	1年内到期的长期负债		
长期债权投资			流动负债合计		
固定资产			长期负债:		
固定资产原价		5800000	长期借款		2000000
减：累计折旧		1160000	住房周转金		500000
固定资产净值		4640000	长期负债合计		
在建工程		440000	所有者权益:		
固定资产合计		5080000	股本		5000000
无形及递延资产			盈余公积		500000
无形资产		250000	其中：公益金		
长期待摊费用		50000	未利润分配		286500
无形及递延资产合计		300000	股东权益合计		5786500
合计		9099500	合计		9099500

2. “利润表”的编制

利润表是反映企业在一定会计期间经营成果的报表。例如，反映1月1日至12月31日经营成果的利润表，由于它反映的是某一期间的情况，所以，又称为动态报表。有时，利润表也称为损益表、收益表。

利润表主要提供有关企业经营成果方面的信息。通过利润表，可以反映企业一定会计期间的收入实现情况，即实现的主营业务收入有多少、实现的其他业务收入有多少、实现的投资收益有多少、实现的营业外收入有多少等等；可以反映一定会计期间的费用耗费情况，即耗费的主营业务成本有多少、主营业务税金有多少、营业费用、管理费用、财务费用各有多少、营业外支出有多少等；可以反映企业生产经营活动的成果，即净利润的实现情况，据以判断资本保值、增值情况。将利润表中的信息与资产负债表中的信息相结合，还可以提供进行财务分析的基本资料，如将赊销收入净额与应收账款平均余额进行比较，计算出应收账款周转率；将销货成本与存货平均余额进行比较，计算出存货周转率；将净利润与资产总额进行比较，计算出资产收益率等，可以表现企业资金周转情况以及企业的盈利能力和水平，便于会计报表使用者判断企业未来的发展趋势，作出经济决策。

利润表分项列示了企业在一定会计期间因销售商品、提供劳务、对外投资等所取得的各种收入以及与各种收入相对应的费用、损失并将收入与费用、损失加以对比结出当期的净利润。这一将收入与相关的费用、损失进行对比，结出净利润的过程，会计上称为配比。其目的是衡量企业在特定时期或特定业务中所取得的成果，以及为取得这些成果所付出的代价，为考核经营效益和效果提供数据。比如分别列示主营业务收入和主营业务成本、主营业务税金及附加并加以对比，得出主营业务利润，从而掌握一个企业主营业务活动的成果。配比是一项重要的会计原则，在利润表中得到了充分体现。

通常，利润表主要反映以下几方面的内容（见表11－3）：①构成主营业务利润的各项要素。从主营业务收入出发，减去为取得主营业务收入而发生的相关费用、税金后得出主营业务利润。②构成营业利润的各项要素。营业利润在主营业务利润的基础上，加其他业务利润，减营业费用、管理费用、财务费用后得出。③构成利润总额（或亏损总额）的各项要素。利润总额（或亏损总额）在营业利润的基础上加（减）投资收益（损失）、补贴收入、营业外收支后得出。④构成净利润（或净亏损）的各项要素。净利润（或净亏损）在利润总额（或亏损总额）的基础上，减去本期计入损益的所得税费用后得出。

在利润表中，企业通常接各项收入、费用以及构成利润的各个项目分类分项列示。也就是说收入按其重要性进行列示，主要包括主营业务收入、其他业务收入、投资收益、补贴收入、营业外收入；费用按其性质进行列示主要包括主营业务成本、主营业务税金及附加、营业费用管理费用、财务费用、其他业务支出营业外支出、所得税等；利润按营业利润、利润总额和净利润等利润的构成分类分项列示。

利润表一般有表首、正表两部分。其中表首说明报表名称编制单位、编制日期、报表编号、货币名称、计量单位等；正表是利润表的主体，反映形成经营成果的各个项目和计算过程，所以，曾经将这张表称为损益计算书。

利润表正表的格式一份有两种：单步式利润表和多步式利润表。单步式利润表是将当期所有的收入列在一起，然后将所有的费用列在一起两者相减得出当期净损益。多压式利润表是通过对当期的收入、费用、支出项目按性质加以归类，按利润形成的主要环节列示一些中间性利润指标，如主营业务利润、营业利润、利润总额、净利润，分步计算当期净损益。

在我国，利润表采用多步式，每个项目通常又分为“本月数”和“本年累计数”两栏分别用列。在编报中期财务会计报告时，填列上年同期累计实际发生数；在编报年度财务会计报告时，填列上年全年累计实际发生数。如果上年度利润表与本年度利润表的项目名称和内容不相一致，则按编报当年的口径对上年度利润表项目的名称和数字进行调整，填入本表“上年数”栏。在编报中期和年度财务会计报告时，将“本月数”栏改成“上年数”栏。本表“本年累计数”栏反映各项目自年初起至报告期末止的累计实际发生数。

表 11－3

项　　目			
一、主营业务收入			
减：主营业务成本			
主营业务税金及附加			
二、主营业务利润（亏损以“—”号填列）			
加：其他业务利润（亏损以“—”号填列）			
减：营业费用			
管理费用			
财务费用			
三、营业利润（亏损以“—”号填列）			
加：投资收益（损失以“—”号填列）			
补贴收入			
营业外收入			
减：营业外支出			
四、利润总额（亏损以“—”号填列）			
减：所得税			
五、净利润（亏损以“—”号填列）			

补充资料：

非 常 项 目		
1. 出售、处置部门或被投资单位所得收益		
2. 自然灾害发生的损失		
3. 会计政策变更增加（或减少）利润总额		
4. 会计估计变更增加（或减少）利润总额		
5. 债务重组损失		
6. 其他		

利润分配表，是反映企业一定会对期间对实现净利润以及以前年度未分配利润的分配或者亏损弥补的报表。利润分配表包括在年度会计报表中，是利润表的附表。

利润分配表一般有表首、正表两部分。其中，表首说明报表名称、编制单位、编制日期、报表编号、货币名称、计量单位等；正表是利润分配表的主体具体说明利润分配表的各项内容，每项内容通常还区分为“本年实际”和“上年实际”两栏分别填列。

在我国，利润分配表的“本年实际”栏，根据本年“本年利润”及“利润分配”科目及其所属明细科目的记录分析填列：“上年实际”栏根据上年利润分配表填列。如果上年度利润分配表与本年度利润分配表的项目名称和内容不一致，则按编报当年的口径对上年度报表项目的名称和数字进行调整，填入本表“上年实际”栏内。

利润分配表的基本格式见表11-4。

表11-4　　　　利润分配表

项　　目			
一、净利润			
加：年初未分配利润			
其他转入			
二、可供分配的利润			
减：提取法定盈余公积			
提取法定公益金			
提取职工福利及奖励基金			
提供储备基金			
提供企业发展基金			
利润转作投资			
补充流动资本			
三、可供投资者分配的利润			
减：应付优先股股利			
提取任意盈余公积			
应付普通股股利			
转作资本（或股本）的普通股股利			
四、未分配利润			

编制说明：

(1)“净利润”项目，反映企业实现的净利润。如为净亏损，以“-”号填列。本项目的数字应与“利润表”“本年累计数”栏的“净利润”项目一致。对于该项目新制度与股份制度反映的内容一致。

(2)“年初未分配利润”项目，反映企业年初未分配的利润，如为未弥补的亏损，以“-”号填列。对于该项目新制度与股份制度反映的内容一致。

(3)“其他转入”项目，反映企业按规定用盈余公积弥补亏损等转入的数额。而股份制度为“盈余公积转入”，但两者反映的内容一致。

(4)“提取法定盈余公积”项目和“提取法定公益金”项目，分别反映企业按照规定提取的法定盈余公积和法定公益金。

(5)“提取职工奖励及福利基金”项目，反映外商投资企业按规定提取的职工奖励及福利基金。股份制度中没有对此项的规定。

(6)“提取储备基金”项目和“提取企业发展基金”项目，分别反映外商投资企业按照规定提取储备基金和企业发展基金。这是新制度中新增的规定。

(7)“利润归还投资”项目，反映中外合作经营企业按规定在合作期间以利润归还投资者的投资。这是新规定的内容。

(8)“应付优先股股利”项目，反映企业应分配给优先股股东的现金股利。

(9)“提取任意盈余公积”项目，反映企业提取的任意盈余公积。

(10)“应付普通股股利”项目，反映企业应分配给普通股股东的现金股利。另外，新制度还规定，企业分配给投资者的利润，也在本项目反映。

(11)“转作股本的普通股股利”项目，反映企业分配给普通股股东的股票股利。另外，新制度中规定，企业以利润转增的资本，也在本项目反映。

(12)“未分配利润”项目，反映企业年末尚未分配的利润。如为未弥补的亏损以“-”号填列。

企业如因以收购本企业股票方式减少注册资本而相应减少的未分配利润，可在本表“年初未分配利润”项目下增设“减：减少注册资本减少的未分配利润”项目反映。而对于国有工业企业按规定补充的流动资本，新制度规定，企业可在本表“利润归还投资”项目下增设“补充流动资本”项目反映。企业按规定以利润归还借款、单项留用的利润等，可在“补充流动资本”项目下单列项目反映。

3. “现金流量表”的编制

现金流量表是以现金为基础编制的财务状况变动表。现金流量表以现金的流入和流出反映企业在一定期间内的经营活动、投资活动和筹资活动的动态情况，反映企业现金流入和流出的全貌，表明企业获得现金和现金等价物（除特别说明外，以下所称的现金均包括现金等价物）的能力。依据财政部的《企业会计制度》的规定，现金流量表包括两个部分：第一部分是提供企业一定时期内现金收支详细资料的现金流量信息的报表，即直接法下编制的现金流量表；第二部分是“补充资料”部分，主要提供不涉及现金流量的重要经济事项和提示净利润和经营活动现金流量关系的报表，即间接法下编制的现金流量表。其基本格式与内容见表11－5。

表11－5 **现金流量表**

编制单位： 年度 单位：元

项　　目	行次	金额
一、经营活动产生的现金流量：		
销售商品、提供劳务收到的现金		
收到的税费返还		
收到的其他与经营活动有关的现金		
现金流入小计		
购买商品、接受劳务支付的现金		
支付给职工以及为职工支付的现金		
支付的各项税费		
支付的其他与经营活动有关的现金		
现金流出小计		
经营活动产生的现金流量净额		
二、投资活动产生的现金流量：		
收回投资所收到的现金		
取得投资收益所收到的现金		
处置固定资产、无形资产和其他长期资产所收回的现金净额		
收到的其他与投资活动有关的现金		
现金流入小计		
购建固定资产、无形资产和其他长期资产所支付的现金		
投资所支付的现金		

续表

项　　目	行次	金额
支付的其他与投资活动有关的现金		
现金流出小计		
投资活动产生的现金流量净额		
三、筹资活动产生的现金流量：		
吸收投资所收到的现金		
借款所收到的现金		
收到的其他与筹资活动有关的现金		
现金流入小计		
偿还债务支付的现金		
分配股利、利润或偿付利息所支付的现金		
支付的其他与筹资活动有关的现金		
现金流出小计		
筹资活动产生的现金流量净额		
四、汇率变动对现金的影响		
五、现金及现金等价物净增加额		

补充资料	行次	金额
1. 将净利润调节为经营活动现金流量：		
净利润		
加：计提的资产减值准备		
固定资产折旧		
无形资产摊销		
长期待摊费用摊销		
待摊费用减少（减：增加）		
预提费用增加（减：减少）		
处置固定资产、无形资产和其他长期资产的损失（减：收益）		
固定资产报废损失		
财务费用		
投资损失（减：收益）		
递延税款贷项（减：借项）		
存货的减少（减：增加）		
经营性应收项目的减少（减：增加）		
经营性应付项目的增加（减：减少）		
其他		
经营活动产生的现金流量净额		

续表

补充资料	行次	金额
2. 不涉及现金收支的投资和筹资活动：		
债务转为资本		
一年内到期的可转换公司债券		
融资租入固定资产		
3. 现金及现金等价物净增加情况：		
现金的期末余额		
减：现金的期初余额		
加：现金等价物的期末余额		
减：现金等价物的期初余额		
现金及现金等价物净增加额		

4. 其他有关附表的编制

根据企业会计制度等法规规章的规定，目前我国的财务会计报告体系包括：①资产负债表；②利润表；③现金流量表；

以上三种报表已经详细介绍过，其他附表根据企业需要编制，主要包括资产减值准备明细表；利润分配表；股东权益增减变动表；分部报表；其他有关附表。

具体编制介绍（略）

操作范例

企业财务数据分析案例

某公司近两年的有关财务数据指标见表11－6：

表11－6

项　目	上年	本年	增减数
税前利润率	9.4% （892÷9482×100%）	8.5% （961÷11365×100%）	－0.9 （8.5%－9.4%）
运用资本报酬率	8.3% （914÷11033×100%）	7.5% （1042÷13943×100%）	－0.8 （7.5%－8.3%）
流 动比 率	3.1倍 （5053÷1635）	1.5倍 （7700÷5174）	－1.6倍 （1.5－3.1）
财务杠杆比率	1.02 （914÷892）	1.08 （1042÷961）	0.06 （1.08－1.02）

续表

项　目	上年	本年	增减数
债务人天数	96.4 天 (2540×360÷9482)	135.6 天 (4280×360÷11365)	39.2 天 (135.6－96.4)
净资产周转率	0.97 倍 (9482÷9813×100%)	1.11 倍 (11365÷10269×100%)	0.04 倍 (1.11－0.97)
存货期	100.2 天 2386×360÷(9482－914)	119.2 天 3420×360÷(11365－1042)	19 天 (119.2－100.2)

项　目	上年	本年	增减数额	增减幅度
营业额	9482	11365	1883 (11365－9482)	19.8% (183÷9482×100%)
税前利润	892	961	69 (11365－9482)	7.7% (69÷892×100%)
速动比率	1.63 (5053－2386)÷1635	0.83 (7700－3420)÷5174	－0.8 (0.83－1.63)	－49% (0.8÷1.63×100%)
存货	2386	3420	1034 (3420－2386)	43% (1034÷2386×100%)
应收账款	2540	4280	1740 (4280－2540)	69% (1740÷2540×100%)
银行透支	0	2424	2424 (2424－0)	
应付账款	1157	2245	1088 (2245－1157)	94% (108÷1157×100%)
长期借款	1220	3674	2454 (3674－1220)	201% (2454÷1220×100%)
净资产	9813	10269	456	4.6% (456÷9813×100%)

根据上述数据，可对该公司的经营状况作如下分析：

本年与上年相比，税前利润增长了7.7%，而获利能力，如运用资本报酬率却略有下降。这可以归因于税前利润率的下降。尽管本年营业额较上年增加了1883元，上升幅度达19.8%，但税前利润率却下降了0.9%，这大概是由于该公司签订的新的5年合约。营业额的增加导致公司净资产较上年扩张了4.6%。但总的来说，由于营业额的增长率快于净资产的增长率，从而提高了该公司的净资产周转率。净资产的增长部分，其主要资金来源于长期借款，表现为本年的长期借款较上年增长了201%，但本年的财务杠杆比率仍维持在可接受的水平上。

在本年，该公司的清偿能力大为下降，流动比率由上年的3.1倍下降为1.5倍，下降幅度达51.6%；同样的，速动比率也由上年的1.63下降至0.83，幅度达49%。可能是由于银行透支、应付账款等流动负债较上年的增长速度快于应收账款等流动资产较上年的增长速度所造成的。这种变化应引起公司及有关人员的注意。

合约带来的营业额增长伴随着未清付的应收账款以更高的比例增多，同时还导致了更高比例的存货增加，存货期从上年的100.2天增加到本年的119.2天。为了改善这种情况，公司需寻求更多长期资金来确保获得所需的资金以维持更高水平的销售。

线下实习设计

财务管理能力的培养

实训目的

（1）培养财务报表的编制能力。
（2）培养财务报表的分析能力。
（3）培养财务报表的管理能力。

实训组织

在教师的指导下，采用个人与集体相结合的形式进行实训。将学生分为若干个小组，以平时各小组进行分散基础训练，给定时间内集中各小组进行案例讨论的方式组织实训。

实训要求

通过实训，了解与把握财务管理的基本目标与任务，对企业的财务管理能有较为明确的认识，把握资金筹措、资产管理、成本费用管理、利润管理这些财务管理的主要环节和基本要求，能进行简单的财务投资与管理分析，能看懂简单的财务资料。

拓展训练

实训　了解企业报表的填制方法及作用

实习课时：3

建议课时：10

实习报告与考察

实习报告内容：财务管理报告

考察内容：成功编制“模拟公司”的“资产负债表”“利润表”“现金流量表”。

项目 12　企业业绩总结与分析

目的与要求

通过本项目的学习，培养学生的综合分析能力和总结能力，要求学员通过小组讨论的形式对“模拟公司”运营结果进行总结，从而了解运营过程中的优缺点，去粗取精，不断地提高自身能力。

相关知识点

经营业绩
经营方法

实习流程与环节

1. 经营业绩的总结

所谓经营业绩是指你在工作岗位上所取得的成果或成绩。“模拟公司”经营业绩的总结包括对模拟公司的业绩总结和对个人业绩的总结。

2. 经营业绩的分析

经营业绩的分析是在对经营业绩总结的基础上，发现经营与管理过程中的问题和潜力，去掉运作中不当的方法，从而对企业未来的发展有客观的判断，从而作出正确的决策。

操作范例

——美特斯邦威的经营案例

1. 美特斯·邦威的经营模式

首先，美特斯·邦威进行生产虚拟化。美特斯·邦威作为一家具有平均年销售量1000多万件（套）的服装生产公司，并没有一间属于自己的生产服装的厂房、设备以及生产工人，而是通过与广东、江苏等地的20多家服装生产企业建立了长期合作关系，为公司进行定牌生产。如果这些企业都由美特斯·邦威投资的话，则需2~3亿元。

其次，美特斯·邦威进行销售虚拟化。在销售方面，该公司采用的是特许经营模式，即美特斯·邦威通过契约的方式，将特许权转让给加盟店，加盟店根据区域不同分别向美特斯·邦威交纳5~35万元的特许费。目前，美特斯·邦威已拥有600多家专卖店，除了20%是直营店外，其余都是特许连锁专卖店。如果这么多家专卖店都由美特斯·邦威自己来投资的话，则需要1.5亿至2亿元。通过对销售网络的虚拟化，公司大大降低了销售成本和市场开拓成本，聚集了一大笔无息发展资金，使其有更充裕的资金投入到产品设计和品牌经营中去，更为重要的是，公司借此网罗了大批的营销人才。

通过以上分析我们可以看出，美特斯·邦威的经营模式是生产虚拟化和销售虚拟化。美特斯·邦威既没有专属自己的服装生产车间，也没有专属自己的销售渠道的公司，如果从传统企业的角度来讲，那么就是企业的两大核心功能美特斯·邦威个都不具有，这就是虚拟企业与传统的实体企业的不同之处。实体企业不论规模大小，但五脏俱全，但是每个企业都有自己的核心竞争力所在，有自己的优势所在，虚拟企业正是抓住了这点，将企业的重点着放在企业的核心技术上，将企业不擅长或者不具备的技术交给其他擅长的企业去做。这就是虚拟企业的主要经营模式。在服装行业里，附加值最高的部分主要集中在品牌、设计环节上，美特斯·邦威将生产和销售两大任务外包出去，可以将企业的核心竞争力集中在品牌和设计上。

2. 美特斯·邦威的核心价值

从案例中，我们可以看出美特斯·邦威将企业的核心竞争力定位在品牌经营与产品设计环节上，始终坚持设计是服装的灵魂。

美特斯·邦威于1998年在上海成立了设计中心，并与法国、意大利的知名设计师开展长期合作，把握流行趋势，形成了“设计师+消费者”的独特设计理念。公司要求领导和设计人员每年都有1~3个月时间搞市场调查，每年两次召集各地代理商征求对产品开发的意见。在充分掌握市场信息的基础上每年开发出新款式约1000个，其中50%正式投产上市。公司还利用广东中山等5家分公司的跟踪能力，不断调整产品结构组合，强化了品牌的整体形象。在抓住了设计这一重要环节后美特斯·邦威还不惜重金打造强势品牌，美特斯·邦威自创立开始，就一直在不遗余力地推进品牌战略，采取创意致胜的思路，将目标顾客群年龄锁在18~25岁的青年人身上，而且公司不惜重金聘请明星偶像担任品牌代言人，借助明星的魅力进行“攻心战”。同时，采用媒体广告、办内部报纸、参加各种服装展示会和商品交易会等进行宣传。当时，美特斯·邦威资金实力不足，而市场规模在急剧扩大，周成建孤注一掷，提出了以创新求发展、借助外部力量求发展的思路，从而在国内服装业率先走出了虚拟经营的路子。

企业传统经营方式倾向于“大而全”、“小而全”，往往包揽生产销售等业务的各个环节，投资大，资源分散。而虚拟经营要求企业将具有核心专长的业务与一般业务分开，集中有限的资源从事核心业务，而将非核心业务虚拟化，外包给擅长这些业务的协作企业。美国外包协会的统计表明，外包协议使得企业成本减少9%，而能力和质量则上升15%。越来越多的跨国公司开始采用虚拟经营模式，外包服务市场不断扩大。相关数据显示，全球外包服务市场的年复合增长率为12.2%。

3. 专注于附加值高的核心业务

从服装行业价值链分析，附加值高的部分主要集中在品牌、设计环节。在摸索中，美特斯·邦威将核心业务确定为品牌、设计。实质上，美特斯·邦威通过掌握核心环节，变成了对协作群体起辐射作用的管理型企业。

4. 非核心业务外包

美特斯·邦威服装生产业务进行外包，由其他厂家进行定牌生产；销售上则通过代理商加盟拓展连锁专卖网络。美特斯·邦威迫切需要扩大生产规模却缺乏资金实力，于是采用定牌生产的方式，将生产业务外包给实力雄厚的协作厂家，把握了生产的主动权。

我国是服装生产大国，年生产能力可达到约70亿件。在买方市场的冲击下，国内许多服装企业生产能力过剩。美特斯·邦威决定不再进行机器设备的投资，而采取定牌生产策略，利用外力来弥补自己企业生产能力的不足。

美特斯·邦威先后与广东、江苏等地的80多家生产企业建立了长期合作关系，为公司进行定牌生产，这些企业具有年产系列休闲服饰1000多万件（套）的能力。如果这些企业都由美特斯·邦威投资的话，则需2~3亿元。

美特斯·邦威对协作企业有严格的选择标准。质检部对候选厂家的技术、生产供应能力、管理、产品质量等进行全面考察，选择其中最好的厂家进行一段试合作期，最后确定它是否成为长期合作厂家。美特斯·邦威选择的生产厂家基本是具有一流生产设备的大型服装加工厂，他们的共同特点是都通过ISO9000认证，有着严格的质量管理体系，科学的管理方法。

为确保协作厂家质量达标，美特斯·邦威做了大量工作：

（1）制定标准及流程，如制定企业质量检验标准等。

（2）根据标准及流程对关键点进行控制。

（3）进一步完善质量管理制度。

当市场发生变化，对产品和服务提出新的要求时，虚拟经营企业可以迅速吸纳新的协作企业，调整原有的协作伙伴。美特斯·邦威对协作厂家实行绩效评估体系与筛选更新机制：

（1）由质检部与产品部、工艺中心人员组成小组对生产厂家年底绩效评估打分，确定是否继续合作。

（2）每月对生产厂家质量投诉情况进行排名通报、对重大的质量问题进行专题通报。

（3）对投诉率超过一定标准的厂家进行淘汰。

5. 策略：特许经营

美特斯·邦威欲扩大销售网络，但资金实力又显不足。公司决定采取特许经营策略开设连锁店，利用社会闲散资金来进行销售网络扩张。

近年来国内出现特许经营热潮，很多投资者希望找到好的特许加盟项目，在有实力的品牌支持下，利用比较成熟的经营模式，稳妥地赚钱。据调查，休闲装专卖店也是部分投资者比较看好的投资项目。

为保证虚拟销售网络的平稳发展，美特斯·邦威为各加盟店提供了强有力的支持。美特斯·邦威对所有加盟连锁店实行“复制式”管理，做到“五个统一”，即统一形象、统一价格、统一宣传、统一配送、统一服务标准。公司总部成立现代化的配送中心，加强物流管理的科学化、合理化，尽量减少专卖店库存风险。还对加盟店进行包括货品管理、员工管理、服务管理、货场管理、资讯管理、形象管理等方面的培训，使其经营管理水平普遍得到提高，销售业绩显著上升。

启示：

肯尼思·普瑞斯等美国学者于1991年提出“虚拟企业”概念后，一场虚拟化浪潮随之而来。根据比较通行的定义，虚拟企业是为了快速响应某一市场机会，通过管理信息系统网络，将产品涉及的不同企业临时组织成没有围墙、跨越空间约束、靠计算机网络联系、统一指挥的协作联合体，这个联合体随着市场机会的存亡而聚散。典型的“虚拟企业”当属耐克，这个全球最大的运动鞋企业没有自己的工厂，生产全部外包，财富却滚滚而来。

线下实习设计

小组讨论：“模拟公司”经营业绩

拓展训练

实训　掌握企业业绩总结方法

实习报告与考察

实习报告内容："模拟公司"互动化实习的总结报告。

考察内容：企业业绩结果、经营业绩总结。

附录：

1. “模拟公司”互动化实习运营流程图

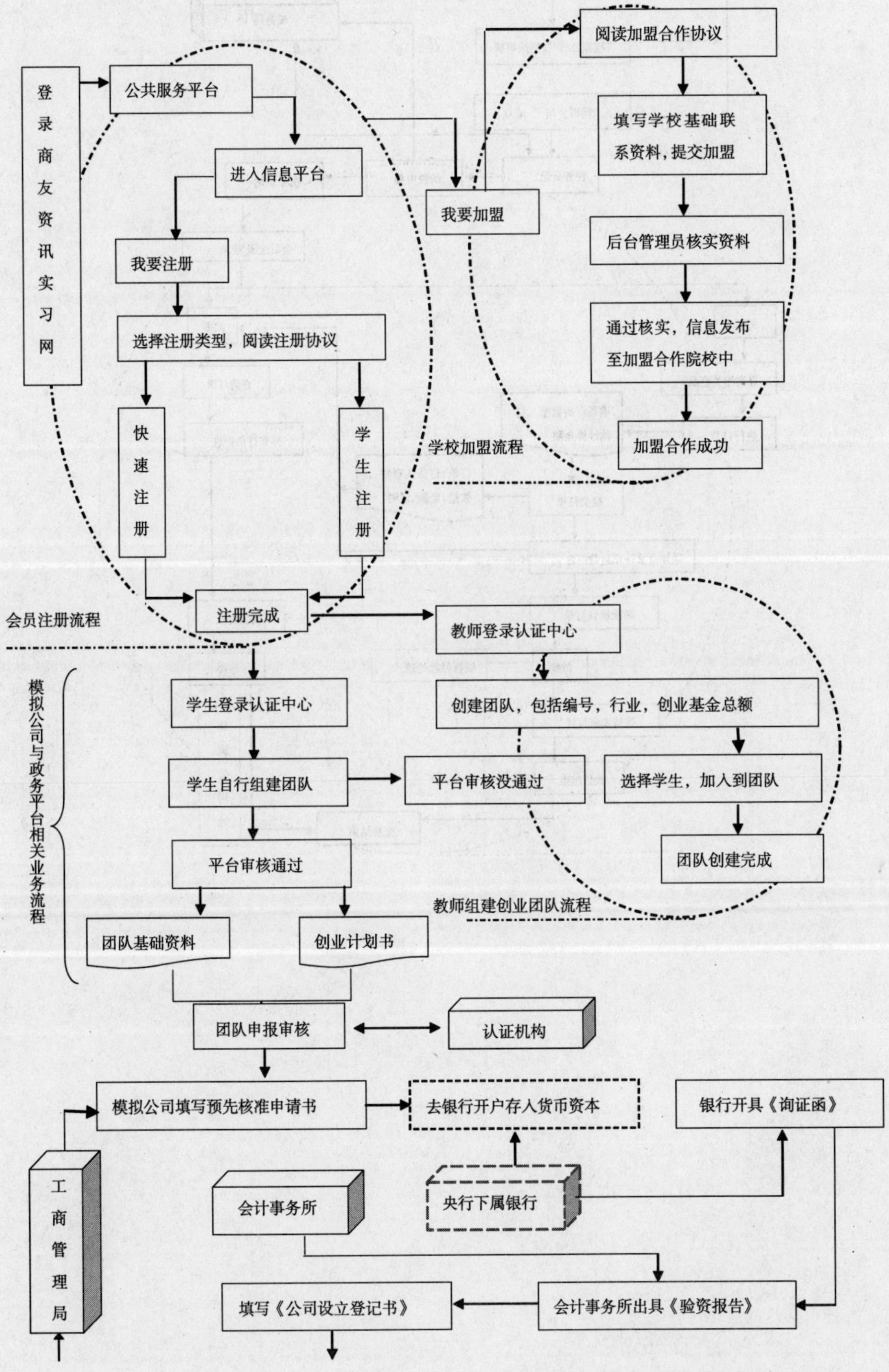

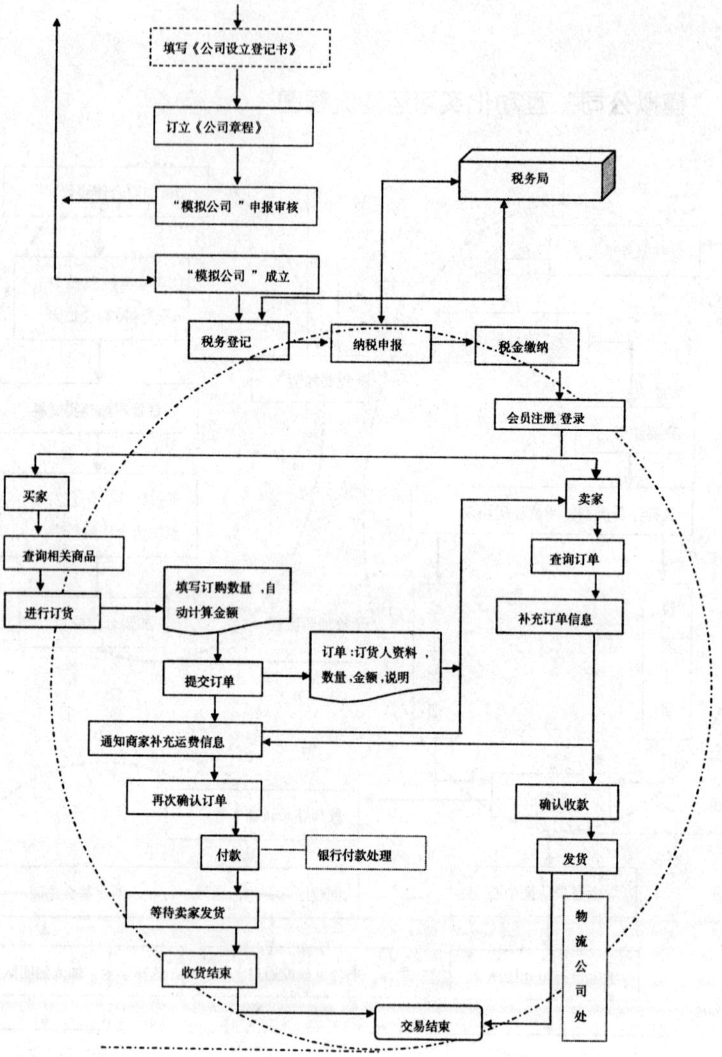

填写《公司设立登记书》
订立《公司章程》
"模拟公司"申报审核
"模拟公司"成立
税务局
税务登记
纳税申报
税金缴纳
会员注册 登录
买家
卖家
查询相关商品
查询订单
进行订货
填写订购数量，自动计算金额
补充订单信息
提交订单
订单：订货人资料，数量，金额，说明
通知商家补充运费信息
再次确认订单
确认收款
付款
银行付款处理
发货
等待卖家发货
物流公司处
收货结束
交易结束

交易流程

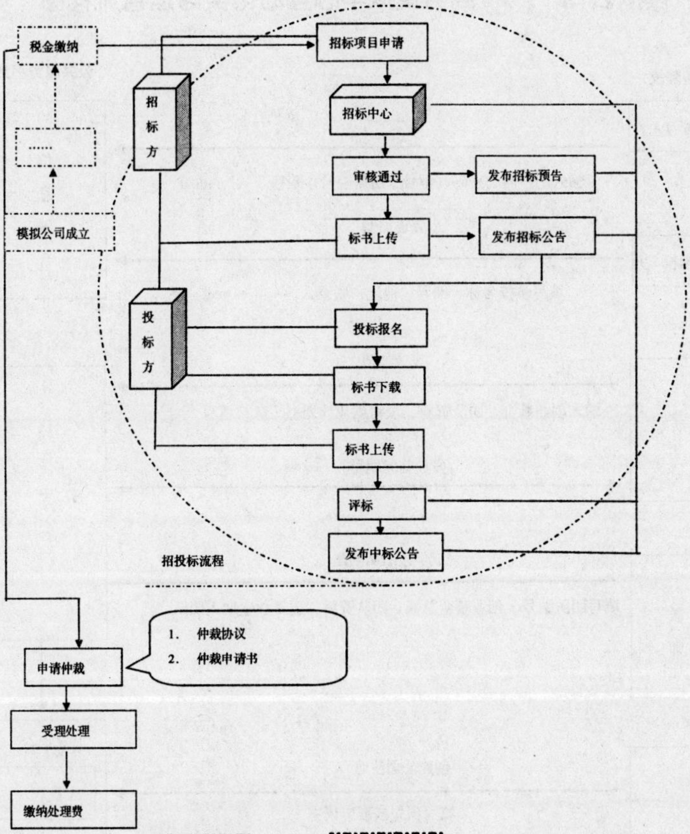
税金缴纳
……
模拟公司成立
招标方
投标方
招标项目申请
招标中心
审核通过
发布招标预告
标书上传
发布招标公告
投标报名
标书下载
标书上传
评标
发布中标公告
招投标流程
1. 仲裁协议
2. 仲裁申请书
申请仲裁
受理处理
缴纳处理费

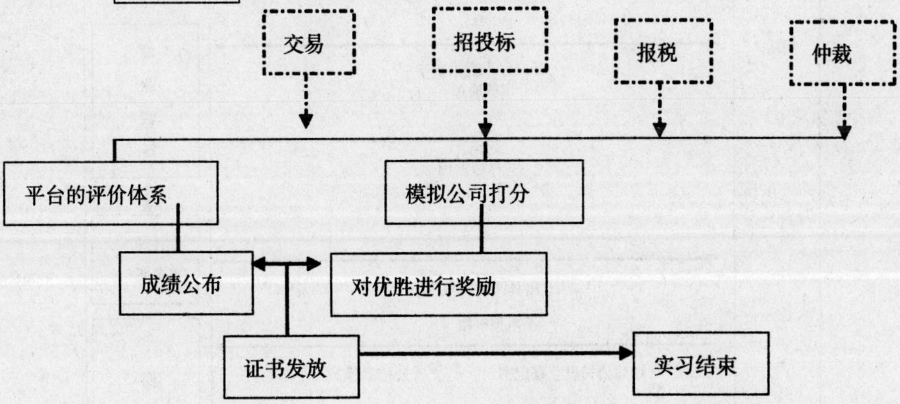
交易
招投标
报税
仲裁
平台的评价体系
模拟公司打分
成绩公布
对优胜进行奖励
证书发放
实习结束

2. “模拟公司”——商务模拟中心互动化实习运营流程图

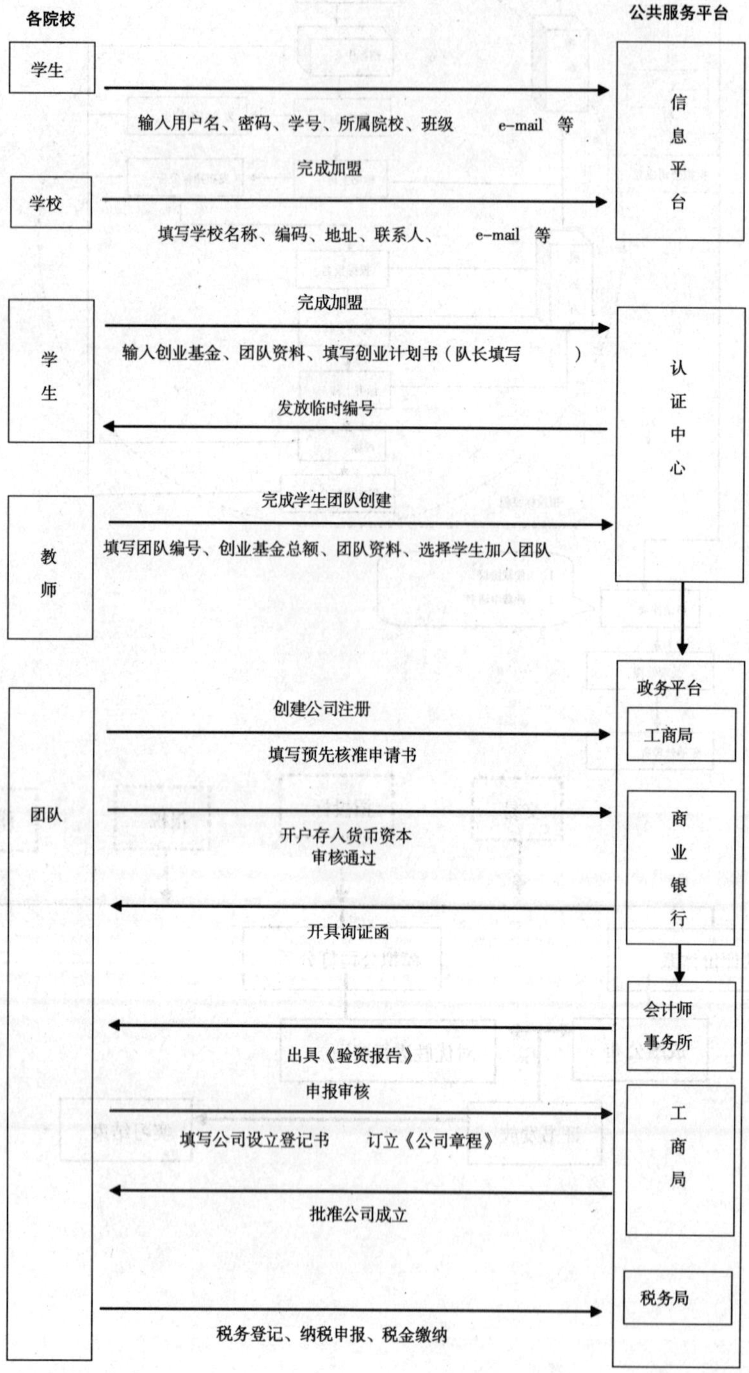

模拟公司成立

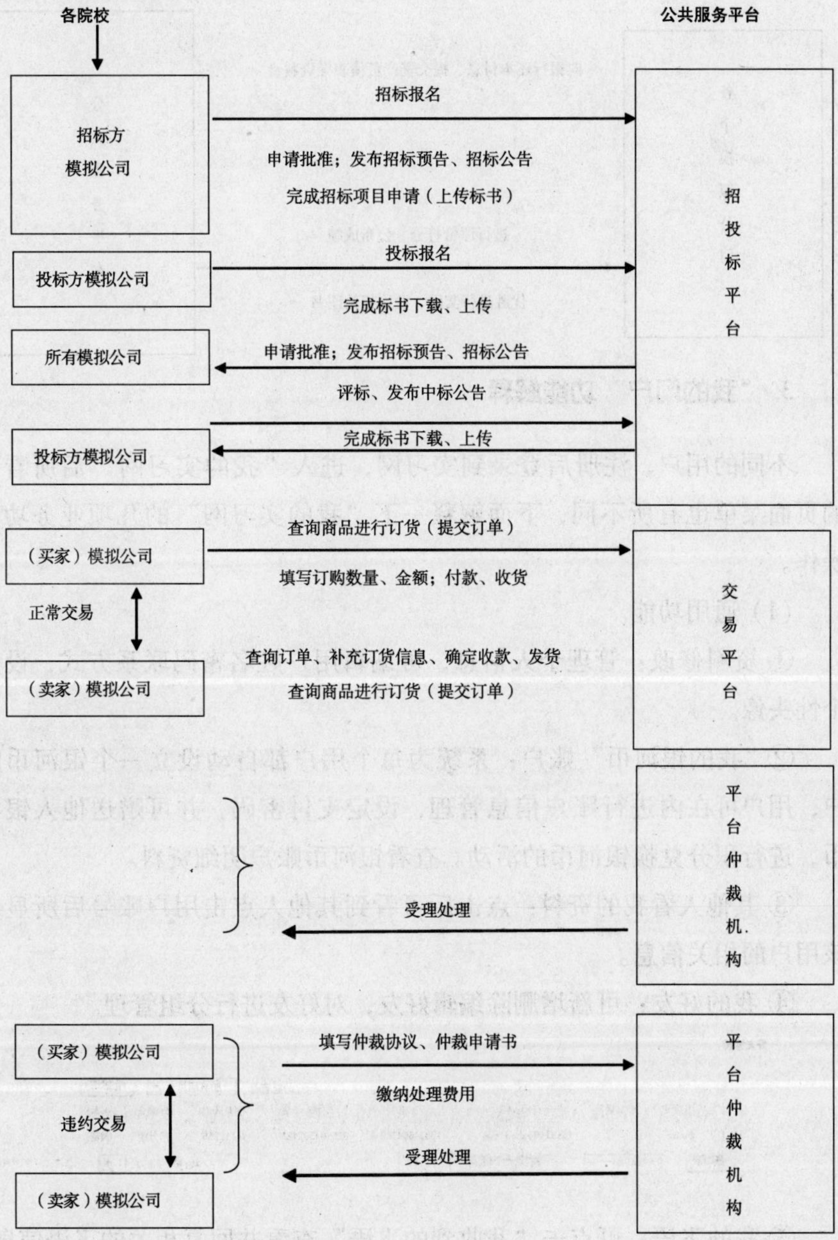
各院校
公共服务平台
招标方
模拟公司
招标报名
申请批准；发布招标预告、招标公告
完成招标项目申请（上传标书）
招
投
标
平
台
投标方模拟公司
投标报名
完成标书下载、上传
所有模拟公司
申请批准；发布招标预告、招标公告
评标、发布中标公告
投标方模拟公司
完成标书下载、上传
（买家）模拟公司
查询商品进行订货（提交订单）
填写订购数量、金额；付款、收货
正常交易
交
易
平
台
查询订单、补充订货信息、确定收款、发货
查询商品进行订货（提交订单）
（卖家）模拟公司
平
台
仲
裁
机
构
受理处理
（买家）模拟公司
填写仲裁协议、仲裁申请书
缴纳处理费用
违约交易
平
台
仲
裁
机
构
受理处理
（卖家）模拟公司

实习期结束

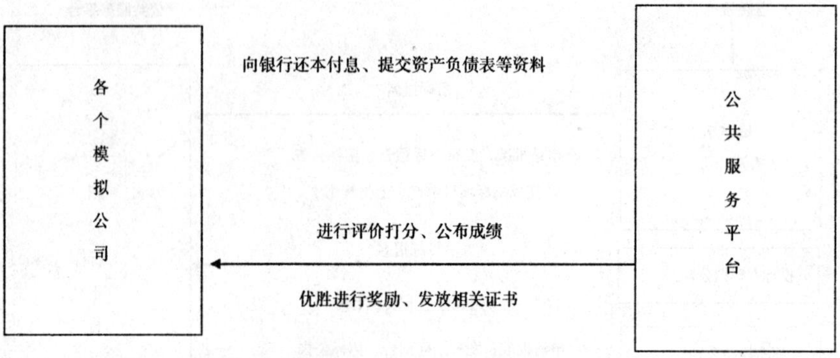

3. **“我的门户”功能解释**

不同的用户，注册后登录到实习网，进入“我的实习网”后所看到的页面菜单也有所不同，下面解释一下“我的实习网”的几项业务功能操作。

(1) 通用功能。

① 资料修改：管理个人信息，可编辑用户姓名密码联系方式，设定个性头像。

②“我的银河币”账户：系统为每个用户都自动设立一个银河币账户，用户可在内进行账户信息管理，设定支付密码，并可赠送他人银河币，进行积分兑换银河币的活动。查看银河币账户明细资料。

③ 其他人看我的资料：点击后可看到其他人点击用户账号后所显示该用户的相关信息。

④ 我的好友：可新增删除编辑好友，对好友进行分组管理。

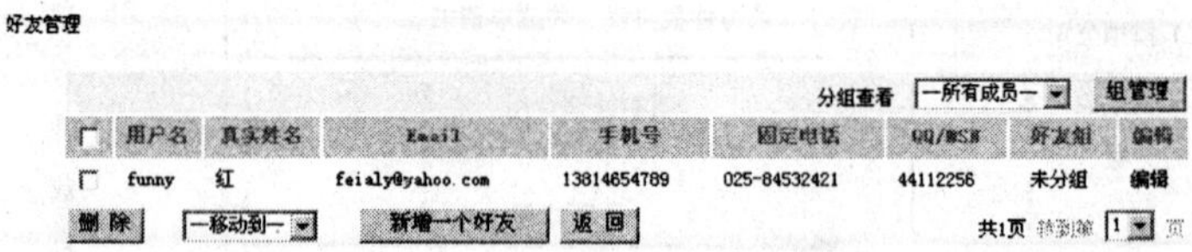

⑤ 我的飞语：可点击“我收到的飞语”查看并回复相关的飞语信息。点击“我发处的飞语”可查看已经保存在发件箱的飞语信息。点击“我要发飞语”可从好友列表中选择相关好友，或自己输入好友的用户名，发送飞语。

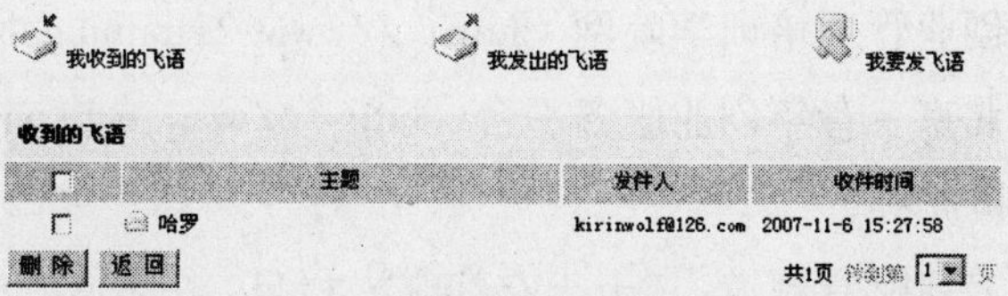

⑥ 我要共享资源：可发布相关的资源信息，可设定“公开”，“好友浏览”或“付费浏览”。设定为“公开”则任何人均可访问，若设定为“好友浏览”则只有用户的好友才能查看该资源，若设定为“付费浏览”则需要支付一定数量的银河币方能查看该用户的资源信息。

⑦ 我的圈子：用户可创建一个新的圈子，或加入一个已有的圈子。根据圈子设定的权限的不同，用户可在内发表主帖，或进行相关的回复。让所有该圈子内的用户都能相互进行交流。

（2）学生功能。

① 就业推荐表：按表格上的各项信息编辑好后，进行提交。网站支持上传照片，用户可扫描好自己最近的证件照，上传到就业推荐表中。

② 我的团队资料：可以查看到目前加入的团队信息，并可跟踪进行处理。

③ 我的仲裁申请：用户申请的仲裁信息，可直接进入进行管理。

④ 我的评优申请：若用户是“模拟公司”的队长则可以进行相关的评优申请，并可在此快速的管理评优申请。

⑤ 自助实习窗口：可管理自助实习平台上的各项信息。

⑥ 业务导航：能根据导航进入各个相关的平台进行业务处理。

4. 创业参考资料

（1）媒体栏目信息。

① 华南商业网：小本创富栏目

http：//www. gdchain. com. cn/News/Main. asp？CateID = 107

② 中国创业致富网：http：//www. cyzf. com. cn/barticl3. asp？atype =20

③ 新浪网：读书频道：财富之路：连载《88 位世界富豪的成长记录》

http：//book. sina. com. cn/nzt/fin/1105927541 _ shijiefuhao/index. shtml

④ 中国招商创业网　http：//www. u88. com. cn/index. htm

⑤ 科学投资杂志　http：//www. cc – capital. com. cn

⑥ 北航创业管理培训学院网　http：//www. 21training. org

⑦ 创业北京－青年创业服务平台　http：//www. cybj. cn/index. jsp

（2）视频资料。

① 广东卫视财富频道：《天天有钱赚》栏目

② 央视农业频道：《致富经》栏目

③ 央视二套节目经济频道：劳动·就业 栏目

（3）风险投资知识和项目推介。

① 中国风险投资网－最佳项目投融资平台（知识、动态、项目和资金）

中国风险投资网/资料下载/商业计划书模板（中文和英文）

http：//www. sinovc1st. com/articleview/2006－11－24/article _ view _ 2101. htm http：//www. sinovc1st. com/articleview/2006 －11 －24/article _ view_2100. htm

② 中国风险投资协会网：

http：//www. fxtzxh. com. cn（知识、法规、基金介绍、成功案例）

③ 中国风险投资网 http：//www. cvc. com. cn（知识、资本市场和技术市场）

（4）创业教材。

① 郁义鸿等编著：《创业学》，复旦大学出版社 2000 年版。

② 威廉·A. 萨尔曼：《创业管理》，中国人民大学出版社 2005 年版。

③ 邱农：《创业指导和案例》，校内创业管理课程教材，2005 年。

④ 孙乐增：《创业指导》，人民邮电出版社 2004 年版。

⑤ 埃里克泰森、吉姆谢尔：《如何经营中小企业》，企业管理出版社 2000 年版。

⑥ 张涛等：《成功创办小企业》，广东经济出版社 2001 年版。